史記・三国志 英雄列伝

戦いでたどる勇者たちの歴史

井波律子

潮文庫

史記・三国志
英雄列伝
目次

第一章 群雄割拠の時代
――始皇帝～項羽と劉邦

第二章　激動の時代を生き抜く漢《おとこ》たち

――漢の武帝～三国志の英雄たち

装丁・本文デザイン――仁川範子
図版協力――光プロダクション
編集協力――水野拓央（パラレルヴィジョン）

史記・三国志
英雄列伝

戦いでたどる
勇者たちの歴史

第一章

群雄割拠の時代

——始皇帝〜項羽と劉邦

秦の始皇帝

紀元前二二一年、始《し》皇帝（前二五九～前二一〇）は五百年余りつづいた春秋戦国の分裂時代に終止符を打って、中国全土を統一し、空前の大帝国秦《しん》王朝を立てた。十三歳で父の荘襄《そうじょう》王の後を継いで秦王となってから、二十七年めのことだった。実は、始皇帝は出生に問題があり、荘襄王の子ではなく、パトロンの大商人呂不《りょふ》韋《い》（?～前二三五）の子である可能性が高い。秦の公子だった荘襄王が人質として趙《ちょう》の国にいたとき、呂不韋はその利用価値に目をつけ、「**この奇貨《きか》、居《お》くべし**（この値打ち物はおさえておかねばならない）」（『史記』呂不韋伝）と、財力にものをいわせて、巧妙な政治工作を展開し、紀元前二四九年、荘襄王を秦王の位につけることに成功した。

始皇帝は荘襄王の愛姫の息子だったが、彼女は即位前の荘襄王に見初められ愛姫となるまで、呂不韋の側室であり、荘襄王のもとに移ったとき、すでに呂不韋の子を身ごもっていたとおぼしい。

ともあれ、呂不韋の後押しで秦王となった荘襄王は即位後、わずか三年で死去し、紀元前二四七年、十三歳の始皇帝（当時は秦王政《せい》）が後を継ぐ。当初は実力者の呂不韋が実権をにぎり、始皇帝は手も足も出ない状態だったが、九年後の紀元前二三八年、呂不韋を追放、やがて自殺に追いこみ、名実ともに秦の最高権力者となった。以後、始皇帝は法や制度を重視する法家《ほうか》主義者の李斯《りし》（?〜前二〇八）を重用して、天下統一計画を推進し、紀元前二三〇年に韓《かん》を滅ぼしたのを皮切りに、趙、魏《ぎ》、楚《そ》、燕《えん》、斉《せい》を次々に滅ぼして戦国の六国を併合し、ついに天下統一を成し遂げたのだった。時に始皇帝三十九歳。

天下を統一した始皇帝は、まず中国全土を三十六の郡に分け、各郡に皇帝の任命した官吏を派遣して地方行政を担当させた。こうして中央集権体制を確立すると同時に、各国でバラバラだった度量衡《どりょうこう》、貨幣、車軌《しゃき》（車輪の幅）、文字などを統一し、社会、経済、文化の制度を統合して、すべての権力が中央、すなわち皇帝に集中する大帝国を築きあげた。

　こうして、まことに機能的にして合理的な国家システムをまたたくまに作り上げた始皇帝にも、これとはうらはらな、およそ非合理的でマニアックな側面があった。その一つは、巨大建築マニアだったことである。

　始皇帝は天下統一後、各国が個別に造営していた長城を修築しつなぎあわせて、いわゆる**万里の長城**を築いたのを手始めに、次から次へと大宮殿の造営に着手した。その最たるものは紀元前二一二年、首都咸陽《かんよう》を流れる渭水《いすい》の南岸に造営された、壮麗な**阿房宮**《あぼうきゅう》の宮殿群である。この宮殿群の中心となる阿房前殿は東西五百歩（約六七五メートル）、南北五十丈（約一一三メートル）という途方もない規模だった。

　こうした巨大建築志向は死後の住処である御陵の造営にも発揮された。七十万の徒刑囚を動員して完成された**驪山**《りざん》**の始皇陵**には、宮殿の模型や数千にのぼる等身大の官吏、兵士や馬の土偶（兵馬俑《へいばよう》）が配置され、財宝がぎっしり並べられるなど、まさしく豪奢な地下宮殿にほかならなかった。豪奢な地下宮殿たる驪山陵は、地上世界を支配した始皇帝が、死後も冥界の王者として君臨しようとした願

幼少より苦労を重ね、統一国家を作り上げたのは
39歳の時だった。（中国明代に刊行された『三才圖會』より）

始皇帝兵馬俑は1974年に偶然発見され、
今なお発掘は続く。
質、量ともにスケールの大きさは桁外れ。

望をあらわすものだといえよう。

しかし、冥界の王者となるよりは、不死の境地に達するほうがいっそう望ましい。かくして始皇帝は、インチキくさい術を操る方士（神秘的な術をおこなう者）の言葉を真に受け、しばしば大金を投じて**不老不死**の仙薬や仙人を探し求めた。紀元前二一九年、斉の方士徐福《じょふく》に勧められ、彼に大船団を指揮させて、仙人が住むとされる「**東海の三神山**（蓬莱《ほうらい》、方丈《ほうじょう》、瀛州《えいしゅう》）」のありかを探索させたのも、その一例である。

この**徐福伝説**は日本にも伝わっているが、実際には三神山探索はむろん失敗に終わった。しかし、諦めきれない始皇帝はその後も執拗に仙薬を探しつづけた。**坑儒**《こうじゅ》事件はこうした過程で起こったものだった。

紀元前二一二年、インチキ方士の盧生《ろせい》にだまされ、激怒した始皇帝が盧生との関係を追及して方士や学者を大量逮捕し、きびしく尋問して、そのうち四百六十人余りを生き埋めの刑に処したのである。

ちなみに、坑儒事件とともに始皇帝の悪名のもとになった**焚書**《ふんしょ》は、坑儒事件の前年の紀元前二一三年に起こった事件である。始皇帝は丞相李斯の進言によって、『秦記《しんき》』以外のすべての史書、および民間で所蔵されている文学書や哲学書をすべて没収し、焼却した。徹底的な思想弾圧、言論弾圧である。

もっとも、すべての書物が焼却されたわけではなく、医学、占い、農業などの実用書は対象外とされた。実用書だけ残すとは、いかにも政治家としては頗る付きの機能主義者、始皇帝らしい発想である。

春秋戦国の乱世にピリオドをうち、またたくまに統一国家を作り上げた始皇帝は、たしかに偉大な政治家であり、皇帝であった。しかし、権力の高みに登りつめた瞬間から、酷薄な手段によって自己権力の保持と強化に腐心する一方、湯水のように金品を蕩尽し、巨大建築や地下宮殿を造営したり、不滅願望にとりつかれたりするなど、絶対権力者の陥りがちな魔の淵に引きずりこまれていった。紀元前二一〇年、始皇帝は天下巡遊の途中、重態になり死去した。時に五十歳。皇帝となってからわずか十二年めのことである。

始皇帝の死後、丞相の李斯と宦官の趙高《ちょうこう》が共謀して始皇帝の末子の胡亥《こがい》を二世皇帝の座につけるが、この時点から秦王朝は加速度的に崩壊しはじめる。こうして秦王朝が揺らぎはじめると、たちまち社会不安が激化して、各地で反乱が起こり、またたくまに中国全土に群雄割拠の騒乱状態が広がった。群雄相互のせめぎあいの渦中から、やがて項羽《こうう》（前二三二～前二〇二）と劉邦《りゅうほう》（前漢の高祖《こうそ》。前二五六もしくは前二四七～前一九五）という二人の英雄が頭角をあらわし、浮かびあがってくるのである。

陳勝・呉広の乱

始《し》皇帝は天下を統一した翌年の紀元前二二〇年から、紀元前二一〇年の死に至るまで、足かけ十一年にわたって、しばしば天下巡遊をおこなった。この巡遊は皇帝専用の道路を造り、行く先々で記念碑を建てるなど、きわめて大がかりなものだった。これは表面的には秦《しん》王朝の権威を誇示するデモンストレーションだが、ほぼ毎回、神仙思想にゆかりの深い之罘山《しふざん》（烟台《えんだい》。山東省にあり蜃気楼で有名）に、立ち寄っていることからも見てとれるように、実は仙人・仙薬探しの旅でもあったとおぼしい。

ちなみに、のちに頭角をあらわす項羽《こうう》は叔父の項梁《こうりょう》（?～前二〇八）とともに、始皇帝が会稽《かいけい》（浙江省《せっこうしょう》）地方を巡遊し、浙江（銭塘江《せんとうこう》）を渡ったさいの行列を見物したことがある。このとき、項羽は「**彼　取りて代わる可《べ》き也**（あいつに取ってかわってやるぞ）」と傲然とうそぶき、項梁は慌てて項羽の口を押さえ、「妄言《もうげん》する毋《な》かれ。族せられん（めったなことを言うな。一族みな殺しになるぞ）」と言ったという（『史記』項羽本紀）。

一方、項羽のライバル劉邦《りゅうほう》は首都の咸陽《かんよう》で労役に従事していたとき、始皇帝の行幸を見物したことがあり、その豪勢さに感じ入って、「**嗟乎《ああ》、大丈夫《だいじょうふ》当《まさ》に此《か》くの如《ごと》くなるべき也**（ああ、男たる者、こういうふうになるべきだ）」と感嘆したとされる（『史記』高祖本紀）。

始皇帝の威勢を目の当たりにしたときの項羽と劉邦のそれぞれの反応は、彼らの対照的な性格を如実に示すものにほかならない。この二つの話は、項羽の豪快率直と、その裏返しとしての向こう見ずな性急さ、劉邦の一種のほほんとした大らかさと、その反面の知略に富んだ粘り強さを、端的にあらわす絶好の例として必ず引き合いに出されるものである。

それはさておき、紀元前二一〇年、天下巡遊の途中、沙丘《さきゅう》（河北省）まで来たとき、始皇帝は重病にかかり急死した。同行していた末子の胡亥《こがい》、丞相の李斯《りし》、宦官の趙高《ちょうこう》は共謀して、まず長男の扶蘇《ふそ》を後継者に指名した始皇帝の遺書を破棄し、胡亥を後継者とする遺書を偽造した。その一方で、ニセの詔を送りつけて扶蘇を自殺させ、彼の後見役である剛直な将軍蒙恬《もうてん》を逮捕、投獄した（のちに獄中で自殺）。

こうして手を打ったうえで、始皇帝の死をひた隠しにしたまま、咸陽に急行、到着した時点ではじめて死を発表した。時に七月、咸陽に向かう途中、暑気のために亡骸が腐敗して腐臭を発したため、趙高らは車に大量の塩魚を運び込み、臭いをごまかすという、なんとも醜悪な手段を弄したとされる。天下統一を成し遂げた偉大な始皇帝も、その最期はまったく悲惨というしかない。この結果、胡亥は即位して二世皇帝となり、咸陽到着の二か月後、始皇帝はとにもかくにも壮麗な驪山《りざん》の始皇陵に埋葬された。

剛腕によって天下を統一した始皇帝の死後、秦王朝が内部崩壊しはじめると、社会不安が激化し、各地で民衆反乱があいついで起こり、中国全土は騒乱状態に陥る。その引き金になったのは、辺境守備に向かう部隊のリーダー陳勝《ちんしょう》と呉広《ごこう》の反乱である。

陳勝あざな渉《しょう》は陽城（河南省）の極貧階層の出身であり、若いころは雇われ労働者として、他人の田畑を耕していた。そんなある日、仲間に「もし富貴の身になっても、おたがいに忘れないでおこう」と言ったところ、仲間は「おまえは雇われの身だ。どうして富貴になどなれようか」と笑った。陳勝はため息をついて、「**嗟乎《ああ》、燕雀《えんじゃく》安《いず》んぞ鴻鵠《こうこく》の志を知らんや**（燕や雀のような小鳥にどうして鴻鵠［おおとり］の志がわかろうか）」（『史記』陳渉世家）と言い返したという。野心満々、いかにも乱世向きの自信家だったことがわかる。

始皇帝の死の翌年（前二〇九）、陳勝は徴発され、総勢九百人の部隊の小隊長となって、辺境の漁陽《ぎょよう》（北京市密雲県西南）の守備に向かったが、大沢郷《だいたくきょう》（安徽省宿県）まで来たとき大雨にあって、道が不通になり、期限までに到着できなくなる。秦の厳格な法では、期限に間に合わなければ、みな斬刑に処せられてしまう。

進退きわまった陳勝はやはり小隊長だった呉広あざな叔《しゅく》と相談して、部隊長を殺害し、武装蜂起に踏み切った。このとき、陳勝が隊員を集めて、「**王侯将相《おうこうしょうしょう》、**

大沢郷で武装蜂起の決起を促す陳勝。
絶頂期には“王”にもなる。
（横山光輝著『項羽と劉邦』より）

寧《いずく》んぞ種《しゅ》有らんや（王侯将相も生まれついての区別なぞあるものか）」と鼓舞すると、その烈々たる反逆精神に心を揺さぶられ、全員が「敬《つつし》んで命を受けん（つつしんでご命令に従いましょう）」（『史記』陳渉世家）と応じたという。なお、「王侯将相」は王侯、将軍、大臣を指す。

こうして大沢郷で蜂起した九百人の反乱軍は、付近の諸県を次々に攻め落としながら進軍し、陳（河南省）に到達したときには、兵車六、七百乗、騎兵千余人、歩兵数万の大軍勢に膨れ上がっていた。かくして陳勝は王を自称し、国号を張楚と号するに至る。

この当時、秦の過酷な官吏に痛めつけられていた諸郡県の住民はこぞって長官を殺し、陳勝に呼応したのだった。この時期が陳勝および呉広の絶頂期であり、以後も各地に転戦したものの、大軍を統率しきれず、まず呉広が配下の将に殺害され、ついで陳勝も殺害された。紀元前二〇八年、武装蜂起してから一年余り、王となってからほぼ半年後のことだった。

このようにして陳勝はあえなく滅び去ったけれども、その果敢な蜂起が引き金となって、沛《はい》（江蘇省沛県）を拠点として劉邦が蜂起し、会稽で項梁・項羽が長官を殺害して挙兵するなど、民衆反乱は燎原の火のように中国全土に広がった。陳勝の没後、大反乱の核になったのは項梁であり、やがて彼のもとに、劉邦軍団をはじめ、多くの反乱集団が続々と結集し、秦末の動乱は次なる段階に入る。こうしてみると、「王侯将相、寧んぞ種有らんや」と、決然と蜂起した陳勝の起爆剤としての役割がいかに大きかったか、改めて実感される。

反乱の拡大と秦王朝の滅亡

劉邦《りゅうほう》（前二五六もしくは前二四七～前一九五）のちの漢の高祖《こうそ》は沛《はい》（江蘇省）の根っからの庶民階層出身で、若いころは手の付けられない暴れ者だった。しかし、「隆準《りゅうじゅん》にして**龍顔**、美しき須髯《しゅぜん》あり（鼻が高く顔は龍のようでりっぱなヒゲがあった）」とされる雄々しい風貌に加え、気前がよく、からっとした人柄で近隣の若者に人気があった。三十歳で故郷の小役人に任用され、やがて亭長（宿場の長。警官を兼務）になったころ、任侠のボスだった呂公に気に入られ、その娘（のちの呂后《りょこう》）と結婚した。無頼の地方青年としては、まずは順調なすべりだしだったが、まもなく彼の運命をくつがえす大事件が勃発する。

劉邦は亭長として始皇帝の陵墓、驪山陵《りざんりょう》の造営に従事する部隊を率いて沛を出発したものの、途中で逃亡者が続出したため、引率の役目を果たせなくなったのである。このとき、劉邦は覚悟をきめて部隊を解散し、同行を願う配下ともども自分も逃亡し、沛近くの山中に身をひそめた。そのうち仲間入りをする者が増え、みるみる百人近い無頼集団となった。

そんなおりしも、陳勝《ちんしょう》・呉広《ごこう》の反乱が起こり、各地でこれに呼応する動きが広まり、劉邦の故郷沛も大きく揺れ動いた。その激動のなかで、劉邦は県役人の蕭何《しょうか》や曹参《そうさん》をはじめ、昔馴染みの樊噲《はんかい》、周勃《しゅうぼつ》、夏侯嬰《かこうえい》らとともに軍団を結成し、長官を殺して沛を占拠、秦《しん》に反旗をひるがえした。このとき、劉邦のもとに結集したこれらの沛出身者は文武の傑物ぞろいであり、以後、劉邦と苦楽をともにして戦いつづけ、漢王朝を創設するに至る。

かくて劉邦軍団は沛近辺の攻略にとりかかり、当初はうまくいったが、やがて苦戦つづきで、にっちもさっちもゆかなくなり、百人余りの軍団を率いて、薛《せつ》（山東省）に本陣をおく反秦軍団のリーダー項梁《こうりょう》（?～前二〇八）のもとに赴き、その傘下に入った。劉邦が最良の軍師張良《ちょうりょう》と出会ったのは、このどん底の時期だった。

ちなみに、項梁は劉邦とは異なり、代々、楚《そ》の将軍をつとめた名門、項氏の一族であり、劉邦が挙兵したころ、甥の項羽《こうう》（本名は籍《せき》、羽はあざな。前二三二〜前二〇二）とともに、会稽《かいけい》（浙江省《せっこう》）で挙兵した。項羽は剛の者であり、幼いころ、文字を習ってても剣術を習ってもものにならず、項梁が怒ると、「書は以《もっ》て名姓を記するに足るのみ。剣は一人の敵、学ぶに足らず。**万人《ばんじん》の敵を学ばん**」と豪語したため、項梁は兵法を教えたという。万人の敵、つまり一万人を相手にしようというのだから、大した自信家である。

この項梁・項羽のもとに、劉邦ら反乱軍団が続々と集結したころ、秦末の大反乱のさきがけとなった陳勝が統率力を失い殺害される。紀元前二〇八年のことである。陳勝の没後、項梁は大反乱の核となり、母国楚の君主の子孫を王位につけ（懐《かい》王）、これを押し立てて秦と全面対決する運びとなる。しかし、その矢先、項梁は将軍章邯《しょうかん》の率いる秦軍に撃破され、戦死してしまう。この後、項羽が強引に主導権をにぎり、主力軍を指揮するが、このころ劉邦は別軍を率い、秦軍と戦いながら、じりじりと秦の首都咸陽《かんよう》に迫っていた。実は、反乱軍の象徴である懐王が咸陽を中心とする関中《かんちゅう》一帯（函谷関以西）の攻略をはかり、「**先に入《い》りて関中を定めし者は之《こ》れを王とす**（関中に一番乗りした者は王とする）」と約束した。名乗りをあげたのは項羽だけだったが、懐王に近い老将たちが項羽は凶暴で不適任だと反対し、寛大な劉邦を強く推したために、彼が関中攻略に向かうことになったのである。

　この間、秦王朝はますます混乱を深めた。まず実権を掌握した宦官の趙高《ちょうこう》が、二世皇帝三年（前二〇七）、ライバルの丞相李斯《りし》を反乱のかどで処刑し、みずから丞相となった。二男とともに刑場に引き出されるとき、李斯は二男に向かって「おまえともう一度、黄色い犬を連れて、生まれ故郷の上蔡《じょうさい》（河南省）の東門を出て猟に行き、兎を追いかけたいと思っていたが、それも今はかなわぬ夢となった」と言ったとされる。始皇帝の辣腕非情の懐刀、李斯も悪の権化の宦官趙高にはお手上げだったのである。

　李斯を抹殺した趙高は二世皇帝を無視してやりたい放題だった。ある時など、二世皇帝に鹿を献上し、「これは馬です」と言ったところ、皇帝は「これは鹿だ」と笑った。すると、趙高はその場に居合わせた臣下にどうだと聞き、正直に鹿だと言った者を、あとで口実をもうけて殺してしまう。間違いであろうがなんであろうが、自分の意に反する者は容赦しないというわけだ。いわゆる「**鹿を指して馬と為す**」である。

こうして自己権力の強化をはかった趙高は、まもなく二世皇帝を追いつめ自殺させるに至る。ついで、みずから帝位につくステップとして、二世皇帝の兄の子嬰《えい》を傀儡《かいらい》皇帝に立てるが、さしもの趙高の悪運もこれまでだった。同年（前二〇七）九月（当時は十月が一年の始まりの九月）、子《し》嬰は趙高に殺される前に、その隙をついて趙高を殺害したのである。

劉邦が咸陽郊外の覇上《はじょう》に到達したのは、この四十六日後の紀元前二〇六年十月だった。もはやこれまで、万事休すと、子嬰は白い車に白い馬、首に紐をかけ、皇帝の印璽《いんじ》と符節に封印をして、全面降伏した。こうして秦王朝は無残な形で滅亡するにいたった。始皇帝が統一王朝秦を立ててから十五年後、始皇帝の死からわずか四年後のことである。

丞相の李斯も息子ともども共犯者の宦官趙高に
斬殺される。（元代刊行の『全相秦併六國平話』より）

二世皇帝の面前で鹿を指して馬という趙高。
その権力は皇帝をしのいだ。
（大正時代刊行の『漢楚軍談』より）

こうして劉邦は項羽に一歩先んじて、咸陽を制圧することに成功した。このとき、劉邦は張良らの意見に従い、秦の宮殿の財宝や倉庫に封印して、いっさい手をつけず、軍勢を率いて覇上の陣に引きあげた。水際立った鮮やかな処置である。また、咸陽周辺の地域に対し、秦の厳格で複雑な法律を全廃し、「**法三章**」のみを施行する措置をとった。法三章とは「人を殺す者は死し、人を傷つくるもの、及び盗むものは、罪に抵《あた》る（殺人は死刑、傷害と盗みは処罰）」という簡単明瞭なものである。略奪はいっさい行わず、明快このうえない法の施行によって、住民は安堵し大喜びして、劉邦人気はいやがうえにも高まった。

劉邦主従がこうして着々と基盤を固めはじめたところ、四十万の大軍勢を率いた項羽が咸陽の東南、鴻門《こうもん》に到着する。いよいよ項羽と劉邦の対決である。

鴻門の会

紀元前二〇七年十月、秦《しん》の首都咸陽《かんよう》を制圧した劉邦《りゅうほう》は、宮殿の財宝や倉庫に封印して手をつけず、十万の軍勢を率いて引きあげ、咸陽の南、覇上《はじょう》に陣をしいた。まもなく四十万の軍勢を率いる項羽《こうう》が咸陽の東南、鴻門《こうもん》に到着する。十万と四十万。両者の軍事力の差は歴然としている。ここに至るまで項羽は秦軍と激戦を繰り返したが、秦の将軍章邯《しょうかん》が宦官の趙高《ちょうこう》に危害を加えられることを恐れ、降伏したため、いっきょに勢いづいたのだった。

とはいえ、項羽は章邯の降伏を受け入れながら、不穏な動きがあるとして、その二十万の軍勢をすでに新安（河南省洛陽市西）で生き埋めにし、皆殺しにしていた。残忍、無謀の極みというほかない。

かくして、劉邦に一歩遅れて咸陽に迫った項羽は、劉邦の左司馬（属官）曹無《そうむ》傷《しょう》の「沛《はい》公（劉邦）は関中《かんちゅう》の王になるつもりです」という、悪意に満ちた密告を真に受けて逆上し、劉邦軍に猛攻をかけようとした。このとき、項羽の軍師范増《はんぞう》も、劉邦は大志を抱いており、「**急ぎ撃ちて失う勿《な》かれ**」と発破をかけた。覇上と鴻門の距離はわずか四十里（約十六キロ）。項羽軍に急襲されれば、劉邦軍はひとたまりもない。

劉邦の窮地を救ったのは、項羽の叔父項伯《こうはく》だった。項伯は以前、殺人罪で逃亡中、当時、任侠の地方ボスだった、劉邦の軍師張良《ちょうりょう》のおかげで命拾いしたことがあった。このため項伯は恩人張良の危機を見過ごすことができず、ひそかに覇上の劉邦軍の本陣を訪れ、項羽の攻撃が迫っていることを伝えた。張良を介して項伯と会った劉邦はその助言により、項羽に挨拶すべく、百騎余りのお供を連れて鴻門の陣に出向いた。前もって項伯から劉邦に他意がない旨、聞かされていた項羽は劉邦らを迎え入れ、まずは宴会の運びとなる。司馬遷の『史記』項羽本紀で活写される、史上名高い「**鴻門の会**」の名場面である。

宴会のさなか、范増はこの機を逃さず劉邦を討ち取るよう、何度も目くばせをするが、項羽はためらって応じない。いらだった范増は項羽の従弟項荘《こうそう》を呼び、剣舞にことよせて劉邦を殺せと命じる。しかし、項荘が舞いはじめると、項伯も剣を抜いて舞い、身体を張って劉邦をかばうため、項荘は襲いかかることができない。そうこうするうち、張良の指示を受けた猛将の樊噲《はんかい》も宴席に乗りこんでくる。

おりを見て劉邦は厠《かわや》に行くふりをし、樊噲に合図してともどもその場を離れた。劉邦が別れの挨拶もせずに立ち去ることに難色を示すと、樊噲は「**大行《たいこう》は細謹《さいきん》を顧みず、大礼《たいれい》は小譲を辞せず**（大いなる行為を成し遂げるためには些細な不謹慎もいとわず、大いなる礼を守るためには少しばかりの非礼もやむをえない）」と、粗暴な彼にしてはめずらしく意味深い言葉を発し、ただちに脱出するよう、劉邦をうながした。かくて、劉邦は事後処理のために張良を後に残し、お供の部隊を引き連れて、裏道づたいに覇上の本陣に逃げ帰った。

劉邦らが本陣に到着したころ、張良は項羽に、劉邦は酒に弱いので挨拶もできず失礼したと告げた。これを聞いた范増は項羽の優柔不断により、千載一遇の機会を逸したと悔しがり、「唉《ああ》、豎子《じゅし》ともに謀るに足りず。項王の天下を奪う者は、必ず沛公ならん。吾《わ》が属《ぞく》、今に之《こ》れが虜《とりこ》とならん（小僧っ子とはいっしょにやれない。項羽の天下を奪う者は劉邦に相違ない。われら一党は今にやつの捕虜になるだろう）」と、人口に膾炙《かいしゃ》する名言を吐いた。

范増が慨嘆するのも道理、項羽は平然と二十万の秦兵を皆殺しにする一方、強敵の劉邦ひとりだけは殺すことができなかった。項羽には根本的なもろさがあったというほかない。ちなみに、覇上の本陣に帰り着いた劉邦は即刻、裏切り者の密告者、曹無傷を処刑した。項羽とは対照的に、温和な仮面の陰にひそむ、劉邦の果断さ、冷徹さを示す行為である。

こうして劉邦が項羽との対決を回避し、身をひいた後、項羽は咸陽に乗りこんで、破壊と略奪の限りを尽くし、降伏した秦王子嬰《しえい》を殺害、秦の宮殿に火を放った。その火はなんと三か月も消えなかったというから、まさに徹底的な殲滅である。部下の意見に耳を傾け、咸陽を温存する処置をとった劉邦とはおよそ正反対の、後先顧みない蛮行というしかない。

「鴻門の会」遺跡(中国西安市郊外)の中に作られた
幕営には項羽と劉邦、剣舞を演じる人形が
展示されている。

明代の伝奇『千金記』に描かれた「鴻門の会」。
そのしぐさから手前左が范増、右が項荘と思われる。

これ以後、項羽は、叔父の項梁《こうりょう》が立てた楚《そ》王の末裔である懐《かい》王を義《ぎ》帝に格上げするなど、表面的には奉るポーズを示しながら、実際には無視して、みずから諸将の論功行賞をおこなうなど、やりたい放題だった。この結果、劉邦は僻地ともいうべき巴《は》・蜀《しょく》・漢中（四川省を中心とする地域）を領地とする漢王に封じられる羽目になった。こうして劉邦は配下ともどもこの僻遠の地で、態勢を立て直し、ひそかに巻き返しをはかることになる。漢王元年（前二〇六）四月、咸陽に一番乗りしてから半年後のことだった。

一方、項羽は劉邦を蜀に追いやっただけでは安心できず、重要拠点である関中の防備を固めるべく、関中を三分し、章邯ら降伏した秦の将軍三人を王にとりたてて治めさせた。こうしておけば、万一、劉邦が険しい地勢を乗り越えて、関中に出撃してきても、簡単に食い止めることができると考えたのであろう。しかし、項羽の判断がいかに甘かったかは、そう時をおかず明らかになる。

それはさておき、諸将の論功行賞をおえた後、項羽自身は廃都と化した咸陽に興味を失い、「**富貴にして故郷に帰らざるは、繡《ぬいとり》を衣《き》て夜行くが如《ごと》し**（富貴になりながら帰郷しないのは、刺繍した晴れ着を着て、闇夜を歩くようなものだ）」（『史記』項羽本紀）などと言い、ほどなく咸陽から引きあげて東に向かい、彭城《ほうじょう》（江蘇省徐州市）を首都とする西楚《せいそ》を立て、覇王と名乗った。

秦を根こそぎ滅ぼし咸陽を制圧したこの時期こそ、項羽と劉邦の長い戦いのなかでも、もっとも重大な分岐点だったといえよう。圧倒的優位にありながら、項羽は根本的に後手後手にまわってミスを重ね、押しまくられながら劉邦は踏みとどまり、力をたくわえた。いよいよ二人の英雄の本格的な戦いの開幕である。

劉邦の反撃

秦《しん》の首都咸陽《かんよう》を徹底的に破壊した項羽《こうう》は、諸将の論功行賞をおえ、それぞれ任地に赴かせると、望郷の念に駆られ、咸陽をあとにして東に向かい、ひとまず彭《ほう》城《じょう》（江蘇省徐州市）を首都とする西楚《せいそ》を立て、覇王と名乗った。

項羽が咸陽を放棄しようとしたとき、ある遊説家が「人言う『**楚人《そひと》は沐猴《もっこう》にして冠《かん》するのみ**』と。果たして然《しか》り（「楚の人間は冠をつけたサルだ」と言う者がいたが、なるほどそうだ）」（『史記』項羽本紀）と、身にそぐわない地位を得た項羽のがさつな田舎者ぶりを嘲《あざけ》った。すると、これを知った項羽は激怒し、その遊説家を釜ゆでの刑に処して殺してしまったという。なんとも単純にして凶暴な話である。

一方、漢王元年（前二〇六）四月、漢王に封じられ領地の蜀《しょく》（四川省）に向かった劉邦《りゅうほう》は、まず張良《ちょうりょう》の進言に従って、険阻な地勢の蜀が外部と往来する近道の

「**桟道**《さんどう》（絶壁にかけられたかけ橋）」をすべて焼き払った。こうして東方へ進撃する意志のないことを誇示し、項羽をゆだんさせようとしたのである。

この名案を授けた張良はもともと秦に滅ぼされた戦国七雄の一つ、韓《かん》の名門の出身だった。韓滅亡後、転変を経て任侠の地方ボスとなった張良は、手勢を率いて項梁《こうりょう》軍に合流しようとする劉邦と出会い、「**沛**《はい》**公は殆**《ほとん》**ど天授**《てんじゅ》**なり**（沛公は天命を授かった英雄といえる）」（『史記』留侯世家）と感嘆し、つき従う決心をした。

しかし、張良は本来、韓の臣下であり、劉邦が蜀に着任した後、復活した韓に帰国することになった。この桟道焼き落としの名案は、帰国する張良の置き土産だったのである。かくて張良は帰国したものの、ほどなく項羽が韓王を殺してしまったため、逃亡して蜀の劉邦のもとに舞い戻る。この時点で、張良は名実ともに劉邦の配下となった。劉邦の名軍師張良の正式誕生である。

劉邦は蜀において、こうして知恵袋の張良を正式に獲得すると同時に、抜群の軍事能力をもつ韓信《かんしん》を抜擢し、大将に起用した。韓信は淮陰《わいいん》（江蘇省）の出身だが、若い頃は貧しく、素行もわるかったため、近隣の嫌われ者だった。そんな韓信を見くびったチンピラがあるとき、自分の股の下をくぐれと強要した。韓信は向きになることなく、相手の言うがままに股下をくぐったため、臆病者だと評判がたった。いわゆる「**韓信の股くぐり**」である。

しかし、負けるが勝ちと、臨機応変の対応ができる韓信もなかなか芽が出なかった。秦末の動乱の渦中で、まず項羽の叔父の項梁につき従い、項梁の死後は項羽に従ったが、やはり鳴かず飛ばずだった。そこで、劉邦が蜀に向かうとき、項羽のもとから逃亡し、馳せ参じたけれども、まったく目をかけてもらえない。すっかり嫌気がさして、またまた逃亡をはかったところ、かねて韓信の能力に注目していた劉邦の名参謀蕭何《しょうか》が、逃してはならじと追いかけ連れ戻した。

当初、劉邦の陣では蕭何が逃げだしたという噂がたち、劉邦が激怒していると、蕭何が戻ってきた。劉邦がなぜ逃げたのかと詰問すると、蕭何は「逃げたなんてとんでもない。逃げた者を追いかけたのです」と答え、逃げた韓信こそ「**国士無双**《こくしむそう》（国家に二人といない逸材）」（『史記』淮陰侯列伝）だと絶賛し、強く推挙した。劉邦はこの意見を受け入れ、韓信を大将に抜擢した。この起用は大成功だった。これ

頑丈な木で再現された蜀の桟道。
当時を思わせるような危険な箇所はない。
全体に快適である。

漢中市に建つ拝将台。
韓信は中央の一番高い壇で北に向かって立ち、
張良・蕭何ら重臣が下段に居並ぶ。

以後、韓信は劉邦が項羽を滅ぼし天下を統一する過程において、獅子奮迅《ししふんじん》の大活躍をするのである。

なお、韓信の秘めたる才能をいちはやく見抜いた蕭何は、劉邦の故郷沛の敏腕な県役人であり、劉邦が任侠あがりの小役人だった頃からの昔馴染みだった。頭脳明晰で緻密な蕭何は劉邦の挙兵当初からブレーンとなり、以後、転戦する劉邦軍のために食糧、兵員を着実に補給したほか、行政・財務など、劉邦政権の基盤確立に大いに貢献した。

後年、項羽を滅ぼし天下を統一した劉邦は、知謀にあふれた軍師張良、辣腕の行政家蕭何、卓越した軍事家韓信の三人を「**人傑**《じんけつ》（傑物）」（『史記』高祖本紀）と称え、この三人を適材適所に配し、使いこなしたのは自分だと自負している。それはさておき、僻遠《へきえん》の地の蜀において、劉邦はこの三人のまたとない人傑とともに態勢を立て直し、蜀に入った四か月後の紀元前二〇六年八月、関中《かんちゅう》に出撃し、関中に配置された秦の降将章邯《しょうかん》を撃破した。桟道を焼き払ったため、迂回路をとっての急襲であった。なんとも鮮やかな早業というほかない。これを皮切りに劉邦軍は進撃を重ね、関中を制覇するに至る。

劉邦軍の鮮やかな反撃に対して、項羽はまたしても決定的なミスをおかした。彭城に陣取った項羽は、看板の役割を果たしていた楚の義帝《ぎ》を目障りだとばかりに、長沙《ちょうさ》（湖南省）に追放し殺害してしまったのだ。実際に手を下したのは、当時、項羽の傘下にあった猛将黥布《げいふ》だとされる（後に黥布は劉邦の傘下に入る）。

この義帝殺害は劉邦に絶好の大義名分を与えた。関中に出撃した時点で、この情報を得た劉邦は、「項羽の義帝を江南に放ち殺せしは、大逆無道なり」と諸侯に檄を飛ばし、正面切って項羽討伐を宣言する。こうして事態は、項羽と劉邦、すなわち漢楚の全面対決へと大きく転換し、以後、両者は足かけ五年にわたって死闘を繰り返すのである。

この転換点においても、項羽と劉邦の差異はきわだっている。項羽は個人的武勇にはすぐれているものの、老いた范増《はんぞう》以外これという参謀もおらず、暴走を食いとめてくれる者もいない。これに対して、劉邦は張良、蕭何というとびきり有能な参謀に恵まれ、事態を多角的に把握することができる。むろん当時の劉邦に彼らの意見に耳を傾ける度量があったことも確かである。時は乱世、項羽のような独断専行では、とても戦い抜くことはできない。その意味で、項羽と劉邦の勝負ははじめから決していたともいえよう。

劉邦の関中制覇と敗北

劉邦《りゅうほう》が僻遠《へきえん》の地、蜀《しょく》（四川省）から打って出て、関中《かんちゅう》に進撃する決意を固めたのは、参謀の蕭何《しょうか》に「国士無双《こくしむそう》」と称えられ、いちやく劉邦軍の大将となった韓《かん》信《しん》の助言によるところが大きい。かつて項羽《こうう》に仕え、その人となりをよく知る韓信は、『史記』淮陰侯《わいいんこう》列伝によれば、項羽の短所をこう指摘する。

第一に、激怒して怒号すると、千人の男を威圧する迫力があるものの、有能な将を信頼して任せることができない。これは「**匹夫《ひっぷ》の勇**（つまらない人間の勇気）」にすぎない。第二に、私的な状況では情け深く、人が病気にかかると、涙を流して自分の食べ物を分けてやったりするが、公的な状況では、功績をあげた者に褒賞を出し惜しむなど、いたって思いきりがわるい。こうして配下を失望させるのみならず、義《ぎ》帝を江南に放逐して君臣の義に背き、軍勢を率いて通過する地域を根こそぎ破壊して住民に深く怨まれている。これでは、名目は覇者でも、その実、天下の人すべてから見放されており、だからこそ、「**其**《そ》**の強きは弱め易**《やす》**し**（あの強さを弱めるのは簡単だ）」と言われるのだ。

こうして項羽の短所を指摘した後、韓信は劉邦に向かって、項羽の逆をゆき、天下の勇者を信任して、手柄を立てた者に手厚く報い、東へ帰りたがっている兵士を率いて進軍すれば、向かうところ敵なしだと、断言する。この言葉に自分のような有能な将を信頼してまかせてもらいたいという、韓信自身のアピールが含まれているのは、いうまでもない。

また、劉邦軍には東方出身者が多く、劉邦がはるばる漢王領地の首都南鄭《なんてい》に到着したころには、すでに諸将数十人が逃亡し、韓信自身も逃亡したところを、蕭何に連れ戻されたという経緯がある。また、兵士たちも東へ帰りたいという思いをこめた歌を、しきりに歌っていたとされる。この歌は「**巫山高**《ふざんこう》」と題されるもので、「巫山は高し　高くしてかつ大なり、淮水《わいすい》は深し　深くしてかつ逝《はや》し、我れら東に帰らんと欲せしに　なんぞ果たさざる云々」と歌われる。なお、巫山は四川省にある神秘的な伝説に包まれた山である。

　情理を尽くした韓信の言葉に心を動かされた劉邦は、紀元前二〇六年（漢王元年）八月、蜀に入って四か月後、早くも関中に出撃した。関中には項羽に降伏した秦《しん》の三人の将軍、雍《よう》王章邯《しょうかん》、塞《さい》王司馬欣《しばきん》、翟《てき》王董翳《とうえい》が配置されていたが、劉邦軍はまず最強の章邯を撃破、敗走させ、翌年（紀元前二〇五年）、さらに東進して司馬欣、董翳を降伏させて、ついに関中を手中におさめた。

　関中を支配した劉邦は、隴西《ろうせい》、北地《ほくち》、渭南《いなん》、河上《かじょう》などの諸郡を置いて、行政区分を整理し、かつての秦の庭園や動植物園を開放して、住民の耕作地にした。おそらく張良《ちょうりょう》や蕭何などブレーンの提案によるものであろうが、秦の厳格な統治、さらにまた項羽およびその配下の苛酷な仕打ちに痛めつけられた住民に大いに喜ばれたことは、想像に難くない。

　こうして関中から華北一帯に勢力を伸ばした劉邦のもとに、続々と降伏する者があらわれたが、旧知の張耳《ちょうじ》もその一人だった。張耳は数奇な人生を送った人物である。彼は、「戦国四君《しくん》」の一人、魏の信陵君《しんりょうくん》の食客だったこともあるが、その後、貧窮のどん底に落ちたところ、資産家の家出娘と知り合い結婚した。妻の持参金のおかげで裕福になった張耳は、任侠の地方ボスとなるが、秦の天下統一後、お尋ね者となり、逃亡生活に入る羽目になる。

秦末の乱世、張耳は盟友の陳余《ちんよ》とともに手勢を集めて頭角をあらわし、やがて項羽の傘下に入り常山《じょうざん》王に封じられる。しかし、陳余と不仲になって撃破され、身の置き所がなくなり、劉邦のもとに身を寄せた。まさに波瀾万丈、流転につぐ流転の人生である。劉邦は若いころ、羽振りのよかった張耳の食客だった時期があり、喜んで張耳を受け入れたのだった。以後、張耳は劉邦のために力の限りを尽くして趙《ちょう》王に封じられ、漢王五年（前二〇二）、死去した。彼の死後、息子の張《ちょう》敖《ごう》が後を継ぎ、劉邦と呂后《りょこう》の娘である魯《ろ》元《げん》公主と結婚するに至る。ともに無頼の任侠だった劉邦と張耳の深い因縁を示す展開である。

それはさておき、華北一帯を攻略し勢いに乗った時点で、項羽が義帝を殺害したことを知った劉邦は、得たりや応と、諸侯に檄《げき》を飛ばして項羽征討を宣言した。このとき、項羽は、劉邦が華北に勢力を拡大するのを傍観していたわけではない。

一喝されると誰もが縮み上がる項羽のど迫力も
韓信にいわせれば「匹夫の勇」。
（『十八史略新釋』より）

彭城奪還に燃える項羽の勢いはすさまじく、
劉邦は命からがら逃げだす。（『漢楚軍談』より）

反旗をひるがえした斉《せい》の田《でん》氏一族を撃破するために出撃し、これが片付いてから劉邦に鋒《ほこ》先を向けようとしていたのだ。

しかし、田氏の抵抗は頑強であり、なかなか攻略できない。項羽が手間どっている隙に、劉邦は五十六万ともいう大軍を率いて一気に南下し、項羽の根拠地彭《ほう》城《じょう》（江蘇省徐州市）に攻め込み占拠した。漢王二年（前二〇五）四月のことである。勝利に奢《おご》った劉邦は、「**其《そ》の貨宝・美人を集め、日び酒を置きて高会《こうかい》す**（財宝や美人を手中におさめ、毎日、酒を準備して大宴会を催す）」という始末だった。

お目付け役の蕭何が関中で留守をまもっていたこともあり、持ち前の享楽的な要素を爆発させた劉邦がドンチャン騒ぎに明け暮れている間に、項羽は迅速に反撃の態勢を整えた。斉の攻撃を配下の将にまかせ、三万の精鋭軍を率いて瞬く間に彭城にとってかえし、劉邦軍に猛攻をかけたのだ。急襲を受けた劉邦軍は総崩れとなり、戦死者は十万以上、散り散りになって逃げた者は数え切れなかった。なおも項羽は攻撃の手をゆるめず、劉邦らが立てこもる彭城を十重二十重に包囲した。劉邦の絶体絶命の危機を救ったのは突然の大風だった。猛烈な風にあおられ、項羽軍が大混乱に陥った隙に、劉邦は数十騎の配下とともに脱出し必死に逃亡したのである。

劉邦は迫る項羽軍の追撃をかわすことができたのか。その逃亡の顚末については、次に譲ることにしたい。いずれにせよ、この彭城における大敗北によって、劉邦はまたもや地に叩きつけられた。以後、項羽と劉邦の死闘はますます激烈さをましてゆく。

彭城の危機

漢王二年（前二〇五）、関中《かんちゅう》を手中におさめ、華北一帯に勢力を強めた劉邦《りゅうほう》は、項羽《こうう》が斉《せい》に出撃した隙をついて、項羽の根拠地彭城《ほうじょう》を占拠した。しかし、まもなく精鋭軍を率いて立ち戻った項羽に急襲され、壊滅的大敗を喫したあげく、数十騎の配下ともども命からがら逃げだす羽目になった。項羽軍の猛追撃をかわしながら敢行されたこの逃避行において、劉邦は何とか自分だけ助かりたいと、底知れない非情さをむきだしにする。

逃避行にあたって劉邦の馬車の御者をつとめたのは、故郷の沛《はい》（江蘇省）にいたころからの昔馴染み、夏侯嬰《かこうえい》だった。馬車を走らせる途中で、劉邦の息子（のちの孝恵帝《こうけいてい》）と娘（魯元公主《ろげん》）にめぐりあい、夏侯嬰は彼らを馬車に乗せた。しかし、馬は疲れ追手はすぐうしろまで迫ってくる。焦った劉邦は車を軽くすべく、何度も二人のわが子を蹴り落とそうとしたが、そのたびに夏侯嬰は彼らをかばって抱きかかえ、そのまま馬車を走らせた。激怒した劉邦は十回以上も夏侯嬰に斬りかかったが、夏侯嬰はなんとかこれをしのぎ、ついに追手をふりきることができた。かくして子どもたちを豊《ほう》（劉邦の故郷沛県に属する）まで送りとどけ、劉邦ともども西方に向かったのだった。以上は『史記』夏侯嬰伝によるものだが、項羽本紀によれば、劉邦は三度子どもたちを馬車から突き落とし、そのたびに夏侯嬰は車上にすくいあげ、「**急なりと雖《いえど》も、以《もっ》て駆《く》す可《べ》からず。奈何《いかん》ぞ之《こ》れを棄てん**（いくら緊急事態でも、馬を急がせてはいけません。お子様を棄てるなどもってのほかです）」と諭したという。

いずれにせよ、この逃避行における恥も外聞もない劉邦のエゴイストぶりは言語道断だが、夏侯嬰は逆上した劉邦のこうした得手勝手な振る舞いに、慣れた調子で冷静に対応し、巧みに危機を切り抜けているのが、注目される。夏侯嬰はもともと沛の御者であり、若いころから劉邦とはきわめて親しく、劉邦のために偽証罪で一年以上も投獄され拷問されたが、劉邦をかばいとおして口を割らなかったこともあった。一見、柄がわるくて自己中心的な劉邦には、実はそこまで夏侯嬰を心酔させるような、大いなる魅力があったということだろう。この後、夏侯嬰は高位を得たのちも、劉邦の御者をつとめ、何度もともに危機一髪の窮地をくぐりぬけてゆく。まことに素朴にして一徹な武人である。

一方、彭城の戦いで敗北したさい、やはり劉邦に随行していた陳平《ちんぺい》は夏侯嬰とはまったく対照的な経歴の持ち主だった。彼は陽武戸牖《こゆう》郷（河南省）の出身であり、長身の美男子で教養もあったが、家が貧しいうえ、人柄に問題があるという噂があり、なかなか芽が出なかった。そんな陳平を見込んで、郷里の財産家の老夫人が孫娘と結婚させた。この孫娘は五回結婚し、すべて夫と死別したという、いわくつきの女性だった。実は、陳平は白眼視されている彼女と結婚しようと策略をめぐらせ、彼女の祖母の目に留まるようにふるまって、首尾よく思いを遂げたのだった。策士である。ともあれ、この結婚によって、陳平は日増しに羽振りがよくなり、世間に認められるようになった。

秦《しん》末、陳勝《ちんしょう》・呉広《ごこう》の乱が起こると、陳平は郷里の若者を集めて小軍団を結成し、

徐州市沛県博物館内の劉邦像。
すぐそばには「大風歌碑」がある。
沛県は夏侯嬰らと若き日を過ごした所。

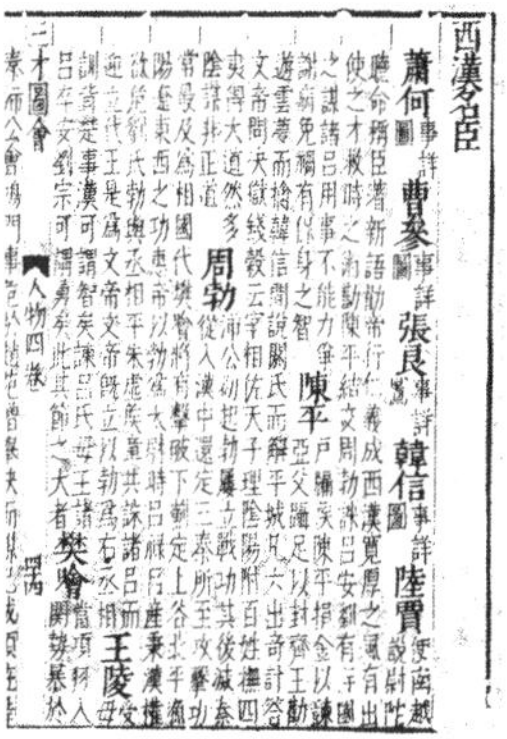

西漢名臣

蕭何　曹參　張良　韓信　陸賈　陳平　周勃　樊噲　王陵

三才圖會　人物四卷

明代刊行の『三才圖會』の記述によれば、
陳平は前漢の名臣の序列では六番目となっている。

陳勝に立てられた魏王咎《きゅう》のもとに馳せ参じた。しかし、思うように処遇されず逃亡、項羽に帰属した。やがて劉邦が関中を制覇し東進したさい、河内《かだい》（河南省）を根拠地とする殷王司馬卬《しばぎょう》が項羽に背いたため、これを攻撃、屈服させて項羽に認められた。しかし、まもなく劉邦が殷王を攻め下し、河内を支配下に入れたため、怒った項羽は先に殷王攻略にあたった陳平らを誅殺しようとした。これで項羽を見限った陳平は逃亡して劉邦軍に投降、魏王咎のもとにいたころの友人魏無《ぎむ》知《ち》の手引きで、劉邦と対面した。劉邦は才気煥発の陳平を気に入り、周囲の反対を押し切って軍の監察官の重任につけ、ともに彭城に向かった。

大敗後、ようやく危機を脱し、敗残兵を集めながら滎陽《けいよう》（河南省鄭州市西）に到った劉邦は、ますます陳平を信任し副将に任じた。これを苦々しく思った周勃《しゅうぼつ》ら沛以来の生え抜きの配下が、平気で賄賂をとるなど、陳平の素行のわるさをやり玉にあげ、重用してはならないと、劉邦に迫った。迷った劉邦が紹介者の魏無知を詰問したところ、彼は、「私が申しあげたのは能力のことであり、陛下がおたずねになったのは行為のことです…楚漢攻防のおりから、私は奇謀の士を推薦したのであり、その策謀がほんとうに国家を利するかどうかを考えただけです」と言い、「**嫂**《あによめ》**と通じ金を受くるも又**《ま》**た何ぞ疑うに足らんや**（兄嫁と密通し賄賂を受け取ったとしても、どうして彼を疑うに足りましょう）」と、言ってのける。時は乱世、大事なのは能力であり、素行の善し悪しなど問題にならないというわけだ。

この強力な援護射撃によって、陳平は以前に増して劉邦に重用され、以後、終始一貫、劉邦の知恵袋として奇策を編みだし、その天下統一に多大の貢献をした。転身経験を重ねたすえに、陳平はようやく存分に腕をふるわせてくれる大いなるリーダー劉邦とめぐりあうことができた。若いころから劉邦一筋だった夏侯嬰とは対照的な生き方ながら、陳平もまた充実した幸運な人生を歩んだというべきであろう。

ちなみに、魏無知の吐いた名言は、その後三国志世界の英雄曹操が建安十五年（二一〇）、発布した「求賢令」において、「今、天下はなお安定を見ない。それこそ特に賢者を求めることを急務とする時節である」と述べ、「**又た嫂を盗み金を受け、未**《いま》**だ無知に遇**《あ》**わざる者無きを得んや**（兄嫁と密通し賄賂を受け取ったりするが、

［陳平のように才能があり］魏無知にめぐりあっていない者が存在しないといえようか）」という形で引用したことによって、広く人口に膾炙《かいしゃ》する。

さて、夏侯嬰や陳平などユニークな配下に支えられ、また関中で留守をまもっていた蕭何《しょうか》の獅子奮迅の努力によって、食糧の補給や兵員の増員補給にも目途がつき、劉邦はようやく新しい根拠地の滎陽で態勢を立て直すことができた。しかし、追撃してきた項羽軍と交戦すること一年余り、しばしば糧道を絶たれたため、深刻な食糧不足に陥り、またしても絶体絶命の危機に見舞われる。劉邦はあいつぐ危機を乗り切ることができるか、どうか。それは次に譲りたい。

滎陽の危機

漢王三年（前二〇四）、滎陽《けいよう》（河南省鄭州市）を舞台に、項羽《こうう》との対決が激化したころ、劉邦《りゅうほう》は、淮南《わいなん》に陣取る項羽配下の猛将黥布《げいふ》（当時は九江王《きゅうこう》）を傘下に加えるべく、謁者《えっしゃ》（賓客接待官）の随何《ずいか》を派遣し説得させた。

黥布の本名は英布《えいふ》。若い時に罪を犯し、顔に「黥《いれずみ》」を入れられる刑罰に処せられたため、黥布と呼ばれるようになったという。秦《しん》末、陳勝《ちんしょう》の乱のさい、驪山《りざん》の囚人労働者だった黥布は仲間とともに脱走し、やがて数千人の無頼軍団を組織した。その後、転変を重ねて項羽の配下となり、壮絶な戦いぶりによって勇名をとどろかせた。

しかし、項羽と劉邦の対決が激越の度を増すと、黥布は項羽の出陣命令を拒否し、成りゆきを傍観するようになった。劉邦の使者随何はそんな黥布の迷いを

「大王は万人《ばんじん》の衆を撫《ぶ》し、一人の淮《わい》を渡る者無く、**垂拱《すいきょう》して其の孰《いず》れが勝つかを観《み》る**（あなたさまは一万の兵卒をいたわって、一人も淮水を渡らせず、手をつかねて高見の見物を決め込んでおられます）」（『史記』黥布列伝）と鋭くつき、厚遇してくれる劉邦につくことこそ得策だと、華麗な弁舌を繰り広げた。この巧みな説得工作が功を奏して、黥布はついに項羽に背き、劉邦の傘下に入った。この黥布の転身には利己的な計算高さと陰惨な暗さがあり、それが後々まで尾を引くのである。

　こうして、その実、劣勢だった劉邦は随何の弁舌のおかげで、首尾よく黥布を得たものの、形勢不利と見て劉邦を見限る者もむろんいた。魏《ぎ》王豹《ひょう》はその一人である。魏王豹は魏の公子だが、これまた転変を経て項羽の傘下に入り、魏王に封じられた。しかし、劉邦が進撃してくると、たちまち国をあげて帰順し、劉邦に従って項羽の拠点彭城《ほうじょう》を攻撃した。

　劉邦が敗れ滎陽に撤退すると、口実をもうけて帰国し、劉邦に反旗をひるがえした。劉邦の差し向けた説得の使者に対しても、「**人生一世の間、白駒《はっく》の隙《げき》を過ぐるが如《ごと》きのみ**。今、漢王は慢にして人を侮《あなど》る（人の一生一代の間は、白馬が走って行くのを戸の隙間からのぞき見るようなものだ。漢王は傲慢で人を人とも思わない）」（『史記』魏豹列伝）、すなわち短い人生、漢王のような傲慢な人物に従おうとは思わないと、にべもなくはねつけるばかりだった。ちなみに、この「人生一世の間…」という言葉は、『荘子』知北遊篇《ちほくゆう》の「人　天地の間に生まるるは、白駒の郤《げき》を過ぐるが若《ごと》く、忽然たるのみ」にもとづくものである。

それはさておき、魏王豹の態度に激怒した劉邦が韓信《かんしん》を差し向け攻撃させたところ、魏王豹はあっけなく撃破され、ふたたび滎陽に送還される羽目になる。劉邦が項羽の猛攻を受け、滎陽を脱出したさい（62・64頁）、城内守備のため残留させられた魏王豹は、劉邦配下の周苛《しゅうか》らに「**反国《はんこく》の王は与《とも》に城を守り難し**（国を裏切った王とはともに城を守れない）」（『史記』高祖本紀）となじられ、殺害されるに至った。魏王豹はそれなりに矜持もある人物だが、あまりに無力であり、けっきょく時勢に翻弄され滅び去るしかなかったのである。

さて、滎陽を舞台とした項羽と劉邦の対決は一年余りにおよび、しばしば糧道を絶たれた劉邦軍は食糧不足に陥った。項羽軍に包囲された劉邦は講和を申し出るが、項羽に拒否され進退きわまってしまう。

このとき、策士の陳平《ちんぺい》が、項羽と攻撃の手をゆるめないよう主張する軍師范増《はんぞう》の間を引き裂く「**反間《はんかん》の計**」を提案した。范増が劉邦と通じているかに見せかけ、項羽の疑惑を煽ろうというものである。この計略は図に当たり、疑われて憤慨した范増が「**老を辞し、骸骨《がいこつ》を乞《こ》いて卒伍に帰らんことを願う**（老年を理由に、辞職して一兵卒として帰郷したいと願いでる）」（『史記』高祖本紀）という事態になった。なお、范増は帰郷の途中、死去するに至る。

范増はかつて「鴻門《こうもん》の会」において、項羽にこの機を逃さず劉邦を討ち取るようにうながすなど、軍師らしい軍師もいない項羽にとって、唯一無二の誠実にして有能な軍師だった。単純な項羽はこうして陳平の計略に乗せられ、その大事な軍師を失ってしまったのである。

こうして范増を排除したけれども、項羽の攻勢はやまず、食糧切れになった劉邦は、将軍の紀信《きしん》の意見によって、滎陽から決死の脱出行を試みた。紀信の提案は、彼が劉邦の身代わりになって、項羽軍を欺くというものであった。かくて、

魏豹の裏切り人生も曹参に捕らえられ、
韓信の前に連行されて万事休す。
（横山光輝著『項羽と劉邦』より）

故郷を見下ろす山に建てられた亜父（范増）像。
さびしげな感じがする。（安徽省居巣）

王の車に乗った紀信が城の東門を出るや、「城中、食尽き、漢王降《くだ》る」（『史記』項羽本紀）と叫び、項羽軍の将兵が歓呼する隙に、劉邦は数十騎のお供とともに西門から命からがら脱出し、成皋《せいこう》へと向かった。

項羽の前に引き出された紀信は、劉邦の所在をたずねられると、平然と「漢王、已《すで》に出《い》でたり」と答えた。怒った項羽はなんと紀信を火あぶりに処したのだった。

こうした紀信の死を賭した献身は、黥布や魏王豹のような反覆《はんぷく》つねなき処世と比べると、直情径行、一点の曇りもない明快さにあふれている。時は乱世、渦中に生きる者はまさに人それぞれ、めいっぱい自らの生の軌跡を刻みつけてゆくということであろう。

それにしても、劉邦はとびきり有能な張良《ちょうりょう》や蕭何《しょうか》はいわずもがな、奇策縦横の食えない策士陳平や逃げ癖のある「国士無双《こくしむそう》」の韓信から、誠実無比の御者夏侯《かこう》嬰《えい》やわが身を賭した紀信に至るまで、多士済済、まことに頼みがいのある配下に恵まれ、また彼らの力を巧みに生かした幸運なリーダーだったというほかない。たった一人の軍師范増さえ生かしきれなかった項羽とは大違いである。

彭城の敗北につづき、こうして滎陽でも大敗北を喫した劉邦はなおもめげることなく、以後またも不死鳥のように蘇り、じりじりと劣勢をくつがえしてゆく。

背水の陣——韓信の大勝負

漢王三年（前二〇四）、滎陽《けいよう》（河南省鄭州市）を拠点とした劉邦《りゅうほう》が項羽《こうう》軍の猛攻にさらされていたとき、韓信《かんしん》は魏《ぎ》を攻略し、反旗をひるがえした魏王豹《ひょう》を生け捕りにして滎陽に送還した。ついで、韓信は劉邦の命を受け、張耳《ちょうじ》とともに数万の軍勢を率いて、さらに趙《ちょう》攻撃に向かった。趙王歇《けつ》と実力者の陳余《ちんよ》は公称二十万の軍勢をもって、これを迎え撃つ態勢を固めた。

ちなみに、陳余は韓信とともに趙攻撃にあたった張耳と深い因縁のある人物だった。彼らはともに魏の出身だが、当初は若い陳余が父として張耳に仕えるなど、生死をともにする固い契りを結んだ。秦《しん》の天下統一後、二人ともお尋ね者となり逃亡生活に入るが、長い雌伏のときを経て、秦末の乱世、手勢を率いて陳勝《ちんしょう》の傘下に入り、そろって趙を攻略し戦果をあげ、頭角をあらわした。陳勝が没した後、彼らは戦国時代の趙王の子孫、趙王歇を看板に立てて自立したが、陳余が秦の大軍の包囲を受けて孤立した張耳を救援しなかったことから、二人の間に亀裂が生じた。

その後、陳余と袂を分かった張耳は項羽の傘下に入り常山王《じょうざん》に封じられて、趙王歇の根拠地信都《しんと》（河北省）に駐屯した。しかし、趙王歇をいただく陳余の攻撃を受けて敗北、昔馴染みの劉邦のもとに逃げ込む羽目になる。以後、張耳は劉邦の厚遇を受けるに至る。漢王元年（前二〇六）のことである。この翌年、項羽に攻めたてられた劉邦が陳余に救援を求めたところ、陳余は張耳の殺害を条件とした。劉邦が策を弄して、張耳に似た者の首を送り届け、陳余はこれを信じて協力したが、のちにニセ首だと知ると激怒し、決定的に劉邦と決裂した。韓信・張耳の趙攻撃はこうした因果関係を踏まえた遺恨勝負だったのである。

このとき、趙王の臣下李左車《りさしゃ》は奇襲部隊を派遣し、遠来の韓信・張耳軍の糧道を絶つことを提案した。しかし、陳余は奇策を好まない「儒者」のポーズをとって、この名案を受け入れなかった。この経緯を知った韓信はわがこと成れりと大喜びし、趙の入口にあたる井陘関《せいけいかん》の手前まで軍を進め、駐屯した。いよいよ韓信の水際だった作戦開始である。

夜が更けると、韓信は二千の軽騎兵に各自、漢の赤い幟《のぼり》を持たせて、間道づたいに進み潜伏せよと命じ、「趙はわが方の本隊が敗走すれば、必ず砦をからにして追撃するだろう。その隙にいちはやく砦のなかに入り、趙の幟を抜いて漢の赤い幟を立てよ」と言い含めた。そのうえで、韓信は前もって一万の軍勢を派遣し、河をうしろに「**背水《はいすい》の陣**」をしかせた。これを見た趙軍はなんと無謀なことよと、嘲り笑ったのだった。

こうして準備万端ととのえた韓信が、大将の旗印を立てて井陘関からどっとなだれこんだところ、趙軍は城門を開いて出撃し、しばらく激しい戦いがつづいた。やがて韓信と張耳は敗北したふりをして、あらかじめ準備した河岸の陣へと逃げ込んだ。案の定、趙軍は砦をからにして韓信らの軍勢を追撃したが、河岸の韓信軍が必死になって戦ったため、撃破できなかった。こうして両軍が激戦している間に、韓信が派遣した二千の軽騎兵が、がらあきになった趙の砦になだれこみ、趙の幟を抜き取って二千本の漢の赤い幟を立てた。

かくして、韓信軍を撃破できないと見た趙軍が砦に帰還しようとしたところ、なんと城壁の上に一面、赤い幟が立っているではないか。砦を奪取されたと思い込んだ趙軍は総崩れとなり、散り散りになって敗走した。韓信軍はこれを挟み撃ちにして、こっぱみじんに撃破、陳余を斬殺し、趙王歇を生け捕りにした。韓信のみごとな作戦勝ちである。

韓信は、名案を提起しながら、陳余にしりぞけられた李左車の行方を、賞金付きで捜し求め、生け捕りになった彼を丁重に待遇して、戦勝祝賀の宴にも同席させた。宴の席上、諸将が韓信に、兵法に反して背水の陣をしいたのはなぜかと問うと、韓信は兵法には「**之れを死地に陥れて後生き、之れを亡地に置いて後存す**」（軍隊は絶体絶命の状態に追い込んでこそ生きのびることができ、滅亡するしかない状態に置かれてこそ存続するものだ）」（『孫子』九地篇）とあるではないかと言ってのける。絶体絶命の状況におかれた者の、死にもの狂いの力に賭けたというわけである。なんとも深い読みというほかない。

このとき、韓信は李左車に今後、燕《えん》や斉《せい》をいかに攻めるべきか、教えを乞うた。李左車は「**敗軍の将は以て勇を言う可《べ》からず。亡国の大夫《たいふ》は以て存するを図る可からず**（敗軍の大将は勇気について語ってはならない。亡国の高官は存続についての計画を図ってはならない）」（『史記』淮陰侯《わいいんこう》列伝）と辞退するが、韓信のたっての願いにこたえ、しばらく軍勢を休息させて、燕や斉に使者を派遣し、服従するよう促すべきだと進言した。この意見を受け入れた韓信はまず燕に使者をやったところ、燕はたちまち風になびくように従った。韓信はこの旨、劉邦に報告し、長期駐留に備えて張耳を趙王とするよう要請すると、劉邦はこれを許可した。こうして張耳は、陳余との長い戦いにようやくけりをつけ、勝利を手にしたのである。

しかし、韓信と張耳がようやく手にした平穏はまたたくまに潰え去った。奇策によって項羽の包囲網を破り、辛うじて滎陽から脱出した劉邦は（「滎陽の危機」参照）、滎陽の西、成皋《せいこう》に逃げ込んだところ、またも項羽の軍勢に包囲された。慌てた劉邦は、今度は腹心の御者夏侯嬰《かこうえい》の操る馬車に乗り、単独で成皋を脱出して北上し、翌朝、韓信と張耳が駐留する趙の城内に入った。二人がまだ起きてこ

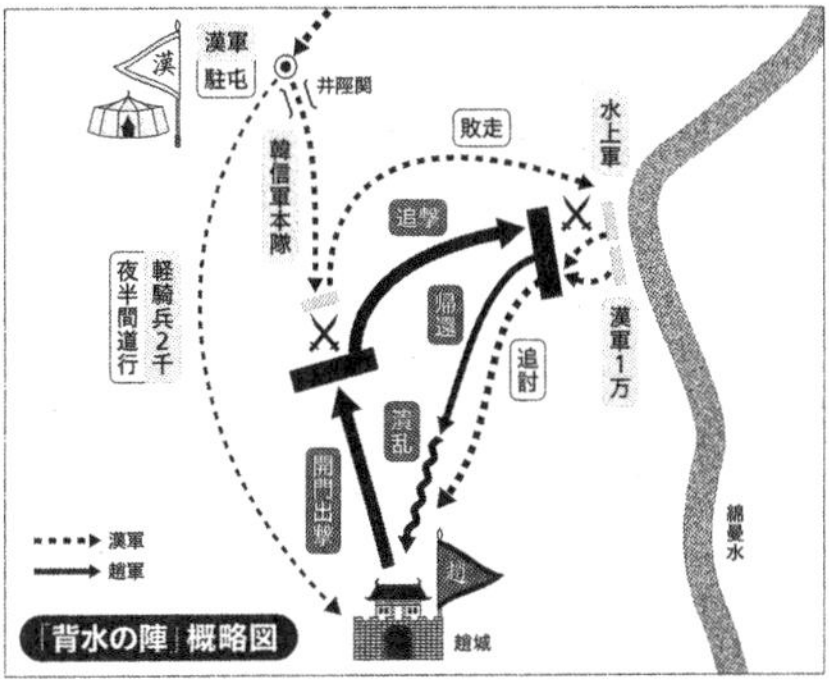

『漢楚軍談』の物語の流れをもとに作成。

韓信は劉邦に寝込みを襲われ、印や部下を奪われてしまう。（明代刊行の『西漢演義評像』より）

ないうちに、劉邦は指揮官の符と印を奪い取り、二人の配下の諸将を召集して、自分に直属する配下にしてしまう。やがて起きてきた韓信と張耳は仰天するが、後の祭りであった。それにしても、自分の傘下の大切な部将、韓信と張耳の軍隊を平然と奪い取るとは、劉邦のエゴイストぶりは凄まじいというほかない。

かくして劉邦は張耳に趙を守備させ、韓信を趙の相国《しょうこく》（宰相）に任じて、まだ徴集されていない趙の兵士を駆り集めて韓信に与え、斉の攻撃に向かわせた。こうして劉邦は、韓信に煮え湯を飲ませて手に入れた軍勢によって、勢いを盛り返したのだった。まったくもって煮ても焼いても食えない、したたかさである。この結果、しだいに劉邦と韓信の間に溝が深まってゆくのは、推測に難くない。そのなりゆきについては次に譲りたい。

韓信の岐路

漢王三年（前二〇四）末、韓信《かんしん》は劉邦《りゅうほう》の命を受けて、斉《せい》攻撃に向かった。しかし、この一方、劉邦はひそかに弁のたつ酈食其《れきいき》を派遣して斉王田広《でんこう》を説得し、楚《そ》に背いて漢と手を結ばせることに成功した。この情報を得た韓信が斉への進撃を中止しようとしたところ、策士の蒯通《かいとう》が、漢王（劉邦）はかってに密使を派遣して斉を降伏させたけれども、斉攻撃の中止命令は出されておらず、進撃を続行すべきだと進言した。

なるほどと思った韓信は進撃をつづけ、斉の首都臨淄《りんし》まで攻め寄せた。騙されたと思った斉王田広は怒り心頭に発し、酈食其を釜ゆでの刑に処し、使者を走らせ楚の救援を求めた。韓信に進撃させながら、斉に密使の酈食其を差し向け、降伏勧告をするなど、このあたりの状況は錯綜しており、劉邦の真意がつかみにくい。

それはさておき、このように漢楚の戦いのまっただなかでも、酈食其や蒯通のような戦国時代の遊説家もどきの策士あるいは弁士が、それぞれ有力者に密着して暗躍するさまが、如実に見てとれる。

ちなみに、酈食其はもともと読書好きの「儒者」だったが、劉邦が関中《かんちゅう》から華北に進攻したころ、つてをたどって劉邦に会いに行った。このとき、儒者嫌いの劉邦は床几《しょうぎ》に足を投げ出し、侍女に洗わせたまま引見した。酈食其がこの無作法な態度をぴしりとやりこめたことから、劉邦は彼を見直し、以後、おおいに厚遇して、遊説担当の賓客として外交使節の任に当たらせたのだった。そのあげく、酈食其はついに斉で釜ゆでにされたというわけだ。舌先三寸で乱世を股にかける遊説家の宿命というべきであろうか。

さて、臨淄を陥落させた韓信はなおも手をゆるめず、逃亡した斉王田広と項羽《こうう》が救援に派遣した将軍の龍且《りゅうしょ》を追撃し、高密（山東省高密県西南）の西まで追いつめた。龍且は濰水《いすい》（山東省）を挟んで韓信と対戦したが、このとき韓信は思い切った奇策を用いた。まず、夜中に一万余りの袋を作らせ、砂をいっぱい詰めたうえで、濰水の上流をふさいだ。そのうえで、軍勢を率いて半分だけ渡らせて龍且を攻撃し、負けたふりをして逃げ帰った。喜んだ龍且が川を渡って追撃してくるや、流れをふさいでおいた砂の袋をいっきょに取り除いた。その瞬間、どっと急流が押し寄せて、龍且軍は総崩れになり、龍且は殺害され斉王田広も命からがら逃げ散ったのだった。いわゆる韓信の「**沙囊**《さのう》**の計**（沙は砂、囊は袋の意）」の鮮やかな成功である。

翌漢王四年（前二〇三）、斉を平定した韓信は劉邦のもとに使者を派遣して手紙をとどけ、「斉は偽りが多く何度も変心して、反覆《はんぷく》つねなき国であり、南は楚と国境を接しています。**仮王**（臨時の王）を立てて鎮圧しないと、安定しません。私を仮王にしていただければ、好都合です」と申し入れた。

おりしも、項羽の急襲をうけて包囲され、窮地にあった劉邦はこの手紙を読んだ瞬間、激怒して、救援に駆けつけないばかりか、王にせよとは何事かと、韓信の使者を怒鳴りつけ、罵った。このとき、側にいた軍師の張良《ちょうりょう》と陳平《ちんぺい》は慌てて劉邦の足を踏み、「わが方は目下、戦況不利です。韓信が王になるのをとめることはできません。だから、王にしてやって優遇し、自分から進んで斉を守らせるにこしたことはありません。そうしないと、やつは謀反しますぞ」と耳打ちした。はたと悟った劉邦は、「大丈夫《だいじょうぶ》、諸侯を定む。即《すなわ》ち真王と為さんのみ。何ぞ仮りを以《もっ》て為さん（りっぱな男が諸侯を平定したのだ。本物の王となればいいさ。仮王などとケチなことを言うな）」と罵りつつ、韓信を正式の斉王に立てた。

以上は、『史記』淮陰侯《わいいんとう》列伝の記述によるものだが、韓信は、劉邦によって自分の軍勢を奪われたり、自分に斉攻撃を命じておきながら、同時に酈食其を派遣して斉王に対する説得工作を進めたりと、武勲赫赫《かっかく》たる彼をないがしろにした劉邦の仕打ちに、かねがね腹にすえかねるものがあったのは、推測に難くない。そこで、強気の要求をつきつけたところ、窮地にあった劉邦はその無神経さに逆上し、不信を募らせたというわけだ。このころから、劉邦と韓信の関係はギクシャクしはじめ、しだいに亀裂が深まっていったとおぼしい。

こうした劉邦と韓信の不協和音を見透かしたかのように、このころ韓信に自立

韓信《かんしん》は楚《そ》の援軍が
到着したと聞くや
兵士たちの
食糧袋を集め
二万の布袋を作り
そこに砂をつめて
濰水《いすい》の流れをせき
とめたのである

袋の中に詰めるのが土ではなく砂であるところに
韓信のすごさがある。（横山光輝著『項羽と劉邦』より）

張良躡足封韓信
漢王
周叔
陳平
張良

韓信からの使者との会見に張良らが同席したところに
劉邦の強運がある⁉（『漢楚軍談』より）

を勧める者が次々に現れた。一人は、韓信の武力に恐れをなした項羽の派遣した使者の武渉《ぶしょう》である。項羽の意を受けた武渉は、「当今、**二王の事、権は足下に在り**（目下、項羽と劉邦という二人の王の運命のはかりは、あなたが握っておられる）」と述べ、自立して漢（劉邦）・楚（項羽）とともに天下を三分すればよいと、説得した。しかし、韓信は劉邦との信頼関係を誇示し、即座にこの項羽側の申し出を拒否した。

今一人は、かの策士蒯通である。蒯通は立て板に水の能弁をふるって、今こそ自立の絶好の機会であると述べたて、「**天の与うるに取らざれば、反《かえ》って其の咎《とが》を受く**（天の与えた機会を受けとらないと、逆に天の咎めを受ける）」と、執拗に自立を勧めた。しかし、韓信は躊躇して受け入れず、自分の功績は大きいのだから、劉邦もこの斉王の地位を奪うことはあるまいと、自分を納得させたのだった。しかし、けっきょく韓信は劉邦が天下を取った後、蒯通の計を用いなかったことを悔やみながら、処刑されるに至った。もっとも、蒯通の計に従ったとしても、韓信の運命が好転したとは、とうてい考えられないのだが。

いずれにせよ、それはまだ先のこと。このとき進言が用いられなかった蒯通は、わけがわからなくなったふりをして巫《ふ》になったという。釜ゆでになった酈食其といい、わけがわからなくなったふりをして、かろうじて生きながらえた蒯通といい、策士の人生は一歩まちがえば地獄の底、危険な綱渡りというほかない。

　こうして、韓信が自立の誘いを拒絶し、劉邦のもとにとどまる決意をした後、漢楚の戦いはいよいよ最終局面へと突入する。

項羽と劉邦の対決

漢王四年（前二〇三）、項羽《こうう》と劉邦《りゅうほう》はそれぞれ軍勢を率い、成皋《せいこう》（河南省）の東北、広武山で対峙したまま数か月が経過した。膠着状態にいらだった項羽は、人質にしていた劉邦の父を大きなまな板にのせ、「今、急ぎ下らざれば、吾《わ》れ太公《たいこう》を煮ん（大至急、降伏しないとおまえのおやじさんを釜ゆでにするぞ）」と脅した。すると劉邦は「昔、懐《かい》王（義帝）に仕えるとき、おまえと兄弟になる誓いを立てた。だから、私の親はおまえの親でもある」と言い、その親を釜ゆでにすると言うのなら、「幸《ねが》わくは我《わ》れに一杯の羹《あつもの》を分《わ》かてよ（わしにもそのスープを一杯分けてくれ）」（『史記』項羽本紀）と、平然と言ってのけた。

劉邦はかつて絶体絶命の窮地に陥り必死で逃亡したとき、馬車の荷を軽くするために、同乗していた二人のわが子を何度も突き落とそうとしたことがあった。

この釜ゆで事件にも、このときと同様、わが身さえよければ、親も子もどうなってもかまわないという、劉邦の凄まじいばかりの非情さ、エゴイストぶりが如実にあらわれている。

劉邦のにべもない答えに激怒した項羽は「太公」を殺そうとしたが、叔父の項《こう》伯《はく》が「**天下の事は未《いま》だ知る可《べ》からず**（天下のことはどうなるかわからない）」（『史記』項羽本紀）と制止したため、ようやく思いとどまったのだった。項伯はかつて「鴻《こう》門《もん》の会」のさい、身を張って劉邦の危機を救ったのにつづき、こうしてまた劉邦を救ったのである。

かくして、項羽軍と劉邦軍の対峙はまたまたいつ果てるともなくつづき、両軍とも疲労の極に達した。業を煮やした項羽は劉邦と直談判し、「願わくは漢王に戦いを挑《いど》み、雌《し》雄《ゆう》を決せん」、こうなったらいっそ一騎打ちをして、けりをつけようではないかと提案した。すると劉邦はニヤリと笑って、「**吾れは寧《むし》ろ智を闘わすとも、力を闘わす能《あた》わず**（私は知恵の闘いならできるが、力の闘いはできない）」（『史記』項羽本紀）と答えた。冷笑する劉邦に対して、項羽はますます逆上するばかりだった。

この二人のやりとりから、項羽には爆発的な力による残忍さはあるが、複雑な知の非情さはなく、劉邦には力の残忍さこそないが、そのかわりにギリギリの瀬戸際をくぐりぬける、恐るべき知の非情さがあったことが、見てとれる。さて、劉邦に冷たくいなされて逆上した項羽はなおも挑戦し、応じない劉邦にむけて弾き弓を発射したところ、みごとに命中、負傷した劉邦は命からがら成皋の陣に逃げ込んだのだった。

その後、項羽は劉邦の協力者、彭越《ほうえつ》のゲリラ戦法によって攪乱され、糧道を断たれたうえ、支配下にあった睢陽《すいよう》（河南省商丘県南）や外黄《がいこう》（河南省杞《き》県東）などの十七城を攻略された。このために、項羽みずから急遽、東に向かい、彭越軍を撃破し、奪われた十七城を取り戻すなど、大わらわの状態がつづいた。この隙に、劉邦軍は項羽の成皋の拠点を攻撃し、これを撃破して留守を預かる曹咎《そうきゅう》らを追いつめ、自殺に追いこんだ。この知らせを聞いた項羽が慌てて帰還したため、恐れた劉邦軍はようやく撤退したのだった。

黄河から広武山の台地と鴻溝を望む。
講和を結び、鴻溝の左(東)を楚、右を漢の領土とした。

漢覇二王城内の壁龕に祀られた項羽(中央)と虞美人。
左にはなんと范増が。3人の取り合わせは珍しい。

　こうして事態がじりじりと劉邦有利に傾くなか、劉邦は項羽のもとに弁士の侯《こう》公《こう》を派遣し、二人で天下を分有することを条件に休戦をもちかけた。食糧補給もままならず、将兵も疲弊しきっていたおりから、項羽はこの提案を受け入れて劉邦と休戦協定を結び、長らく人質にしていた劉邦の父母と妻（呂后《りょこう》）を返還して、成皋の陣を引き払い東へ帰還した。

　しかし、この協定はまもなく破られた。劉邦の参謀の張良《ちょうりょう》と陳平《ちんぺい》が、「漢は天下の大半を有《たも》ちて、諸侯は皆《み》な之《こ》れに附《つ》く。楚《そ》は兵罷《つか》れ食尽《つ》く。**此《こ》れ天が楚を亡《ほろ》ぼすの時也**」（『史記』項羽本紀）と進言し、劉邦もこれに従ったのである。劉邦のほうから項羽に休戦をもちかけ、人質まで取り返したうえで、たちまち協定を破ったのだから、何ともあざといやり方だというほかない。

　ともあれ、こうして漢王五年（前二〇二）、劉邦は項羽追撃に転じ、固陵《こりょう》（河南省太康県）まで軍を進め、韓信《かんしん》と彭越の軍勢の到着を待った。しかし、約束したにもかかわらず、待てど暮らせど彼らはやって来ない。そのうち劉邦は項羽軍の猛攻を受け、固陵に籠城する羽目になった。そこで登場するのが、またも知恵袋の張良である。

張良は彼らがやって来ないのは、何度も手柄を立てたのに応分の褒賞がなく、土地の分け前がないからであり、彼らと天下を分かつ約束をすれば、すぐ駆けつけるでしょうと、ずばり言ってのける。

納得した劉邦は使者をやり、あらためて韓信と彭越に対して、項羽攻撃に協力してくれたならば、それぞれ領土を分け与えようといってやった。すると、二人はこの甘い餌にたちまち飛びつき、即刻、出陣すると言明し、行動を開始した。これまた欲望むきだし、身も蓋もない露骨な態度だというほかない。

韓信はこれまでしばしば登場したが、ここで彭越について簡単に述べておこう。彭越はもともと盗賊だったが、群雄の多くがそうであるように、秦《しん》末に手勢を率いて蜂起し、たちまち一万余りの勢力に膨れ上がった。彭越は自立的な勢力を保ちながら、劉邦に協力、先述のようにゲリラ戦法によって項羽側を攪乱し、その弱体化に貢献したのだった。

劉邦の蜂起当初からつき従い、固い信頼関係でむすばれた蕭何《しょうか》、樊噲《はんかい》、張良らとは異なり、いわば「外様《とざま》」の韓信や彭越と劉邦の関係には、当初からはなはだ微妙なものがあった。その彼らが項羽との決戦を前にした劉邦に対し、こうした見苦しくも露骨な態度を示したことのツケが、やがて必ずまわってくるのは、火を見るより明らかだった。けっきょく韓信も彭越も、漢王朝成立後、殺害されてしまうのである。

それはさておき、固陵を出た劉邦軍、および重い腰をあげた韓信と彭越の軍勢は進軍して垓下《がいか》（安徽省霊璧《れいへき》県東南）へと向かい合流した。いよいよ項羽との決戦の時である。

項羽の死

漢王五年（前二〇二）、韓信《かんしん》、彭越《ほうえつ》、黥布《げいふ》をはじめ、諸侯の加勢を得た劉邦《りゅうほう》は、四方八方から項羽《こうう》を攻めたて、ついに垓下《がいか》（安徽省霊璧《れいへき》県東南）に追いつめた。

そんなおりしも項羽はある夜、砦を包囲する漢軍の多くの兵士が、みずからの故郷楚《そ》の歌をうたうのを聞いた。漢軍の兵士にこれほど大勢の楚出身の者がまじっているとは、楚もすでに劉邦の手に落ちたに相違ないと、項羽はこのとき自分の敗北を悟る。史上名高い「**四面楚歌**《しめんそか》」である。その夜中、項羽は同行していた愛姫の虞美人《ぐびじん》および側近の者とともに酒を飲み、感情の激するがままに、自作の歌をうたう。世にいう「**垓下の歌**」である。

力抜山兮気蓋世　　力　山を抜き　気　世を蓋《おお》う

時不利兮騅不逝
騅不逝兮可奈何
虞兮虞兮奈若何

時　利あらず　騅《すい》　逝《ゆ》かず
騅の逝かざる　奈何《いかん》す可《べ》き
虞《ぐ》や虞や　若《なんじ》を奈何せん

「私の力は山をも引き抜き、私の気迫は天下を圧倒するほどのもの。しかし時勢は不利となり、愛馬の騅さえ進もうとしない。騅が進まなければ、どうしたらいいのか。虞よ虞よ、おまえをどうしたらいいのか」

途中で虞美人も唱和し、くりかえし歌うと、項羽はハラハラと涙を流し、側近の者もみな泣いて顔をあげることができなかった。

こうして虞美人に別れを告げた後、項羽は八百騎のお供を引き連れて、漢軍の包囲網を突破し淮水《わいすい》の岸辺に到達、これを渡った。この時点で、お供の騎兵部隊はすでに百騎あまりになっていた。しかも、道に迷って手間どったために、猛追撃してきた漢軍の騎兵部隊数千に追いつかれてしまう。項羽のお供の騎兵はさらに減り、残るはわずか二十八騎のみ。

もはや脱出の見込みはないと覚悟しながら、項羽はなおも闘志を奮いたたせ部下の騎兵に、「吾《わ》れ兵を起こして今に到るまで八歳、身《みずか》ら七十余戦し、当たる所の者は破り、撃つ所の者は服せしめ、未《いま》だ嘗《かつ》て敗北せず、遂に天下を覇有せり。然れども、今、卒《つい》に此《こ》こに苦しむ。**此れ天の我《わ》れを亡《ほろ》ぼすにして、戦いの罪に非ざるなり**」(『史記』項羽本紀)と告げるや、騎兵を四隊に分け、漢軍に突撃をかけ蹴散らした。かくして二騎を失っただけで、項羽一行は死地を脱し、追撃をふりきって烏江《うこう》(安徽省。長江北岸の渡河点)に到達した。

　すると、烏江の亭長(宿場の長)が船を用意して待っており、長江を渡って江《こう》東《とう》にもどるよう勧めた。しかし、項羽は「**天の我れを亡ぼすに、我れ何ぞ渡るを為さん**」(『史記』項羽本紀)と言い、自分だけが帰ったならば、江東の子弟八千人を自分にあずけてくれた彼らの父兄に顔向けができず、恥ずかしいと辞退した。

　かくて、愛馬の騅を亭長に与えると、部下の騎兵もみな馬を下りて歩かせ、それぞれ武器をもって、追撃してきた漢軍と決死の白兵戦をやった。項羽は最後の力をふりしぼって数百人を斬り殺し、みずからも満身創痍《そうい》となって、自刎《じふん》して果てた。時に項羽三十一歳。蓋世《がいせい》の英雄の凄絶きわまりない最期であった。それにしても、項羽はなぜ亭長の申し出を断ったのであろうか。用意してくれた小さな船では、ここまでついて来てくれた二十六人の騎兵全員はとても乗りこめない。自分だけ助かるような真似はしたくないと思ったのであろうか。

それはさておき、はるか時代が下った唐の詩人《しじん》杜牧《とぼく》（八〇三～八五二）は、七言絶句「烏江亭に題す」で、次のように項羽の死を悼んでいる。

勝敗兵家事不期
包羞忍恥是男児
江東子弟多才俊
巻土重来未可知

勝敗は　兵家《へいか》も　事期《ことき》せず
羞《はじ》を包み恥《はじ》を忍ぶは　是《こ》れ男児《だんじ》
江東の子弟《してい》　才俊《さいしゅん》多し
巻土重来《けんどちょうらい》　未だ知る可《べ》からず

「勝敗は、兵家も予測できない。敗北の恥辱に耐えてこそ、真の男というものだ。江東の若者には、すぐれた人材が多いから、勢いを盛り返し、ふたたび攻勢に出

明代の伝奇『千金記』に描かれた「別姫」のシーン。
悲しげな表情の虞美人と対照的な項羽。

垓下に愛馬騅とともに追い詰められた項羽。
漢の旗が迫ってくる…。（明代刊行の『歌風記』より）

ることもありえたかもしれないのに」

杜牧は、敗北の恥辱に耐えて生きぬいたならば、「巻土重来」も可能だったかもしれないと、項羽の性急な決断を惜しむのである。ことほどさように、司馬遷の描く『史記』項羽本紀の死に至る過程はまことに劇的であり、人の心をはげしく揺さぶってやまない。総じて項羽は、煮ても焼いても食えないような、複雑でしたたかな劉邦とは対照的に、陰影に乏しく、むしろ単純なパーソナリティーの持ち主だが、司馬遷のほとばしるような筆力による敗者の美学に彩られ、死に際《ぎわ》だけは文句なし、圧倒的な悲愴美に満ちあふれている。

いずれにせよ、こうして項羽が滅び去った後、漢王朝は天下を統一、劉邦は皇帝（高祖《こうそ》。前二〇二～前一九五在位）となった。根っからの庶民出身、遊俠あがりの皇帝の誕生である。皇帝となった劉邦は韓信、黥布、彭越など、いわゆる「外《と》様《ざま》」の実力者の粛清にエネルギーを費やし、また後継者問題で頭を痛める等々、けっしてわが世の春を謳歌したわけではなかった。そうこうするうち、漢王十二年（前一九五）、劉邦は黥布攻撃のさいに負った矢傷が悪化し、この世を去った。

項羽の死に遅れること七年であった。

重態になったとき、劉邦は「**吾れは布衣《ふい》を以《もっ》て三尺の剣を提《さ》げ、天下を取る。此れ天命に非《あら》ずや。**命《めい》は乃《すなわ》ち天に在り、扁鵲《へんじゃく》と雖《いえど》も何ぞ益《えき》有らん（私は無位無官の身でありながら、三尺の剣をひっさげて天下を取った。これは天命ではないか。運命は天まかせだ。扁鵲［戦国時代の名医］だって役にはたたない）」（『史記』高祖本紀）と、敢然と治療を拒否し、思いきりよくみずからの人生の幕を下ろした。これまた悲愴美に輝く項羽の最期にひけをとらない、あっぱれな最期だったといえよう。

第二章

激動の時代を生き抜く漢《おとこ》たち

——漢の武帝～三国志の英雄たち

韓信・黥布の粛清、劉邦の死

漢王五年（前二〇二）、劉邦《りゅうほう》は項羽《こうう》を滅ぼし、漢王朝を立てて初代皇帝高祖《こうそ》（前二〇二〜前一九五在位）となり、まもなく張良《ちょうりょう》らの進言によって首都を洛陽から長安に移した。こうして新しい国家体制を固めようとした矢先、その出鼻を挫くように、燕《えん》王臧荼《ぞうと》、項羽の元部将で降伏した潁川《えいせん》侯の李幾《りき》などが、あいついで反旗をひるがえし、そのたびに劉邦自身が軍勢を率いて出撃して、これを鎮圧した。こうした反乱の連鎖によって、劉邦はしだいに猜疑心をつのらせ、不信の虜《とりこ》になっていった。

そんなおりしも、漢王六年（前二〇一）暮れ、劉邦のもとに、かねてその動きを警戒していた韓信《かんしん》が反乱を起こそうとしているとの情報がもたらされる。ちなみに、韓信は漢王朝成立後、斉《せい》王から楚《そ》王に移され、故郷に近い下邳《かひ》（江蘇省）

に拠点を置いていた。劉邦は陳平《ちんぺい》の進言により、雲夢《うんぼう》（湖北・湖南省にわたる沼沢地帯）に行幸すると偽って、諸侯を陳（河南省）に召集した。

このとき、韓信は彼に身を寄せていた項羽の元部将鍾離昧《しょうりまつ》の首を手土産に、劉邦のもとに参上した。鍾離昧を憎み、逮捕、護送せよという劉邦の命令に、遅まきながら応じ、恭順の意を表したのである。

しかし、そんな小細工など何の効果もなく、劉邦はたちまち韓信を逮捕し、縛り上げて枷《かせ》をはめ、洛陽に連行した。このとき、韓信は「果たして人の言の若《ごと》し。**『狡兎《こうと》死して良狗《りょうくに》亨られ、高鳥尽きて、良弓蔵《おさ》められ、敵国破れて、謀臣亡《ほろ》ぶ』**と。天下已《すで》に定まり、我れ固《もと》より当《まさ》に亨らるべし（やはり人の言うとおりだった。「すばしこい兎が死ぬと、猟犬は煮て食べられ、高く飛ぶ鳥がいなくなると、良い弓はしまわれ、敵国が滅亡すると、すぐれた参謀はおしまいだ」（『史記』淮陰侯列伝）と。天下が平定されたのだから、私が釜ゆでになるのも当然だ）」と言い放った。さすがの劉邦もその多大なる戦功に鑑《かんが》み、このときは韓信を殺すに忍びず、楚王から淮陰侯に格下げするにとどめた。

こうして、韓信は辛うじて命拾いしたものの、以後しだいに屈辱感と不安感をつのらせてゆく。そんな韓信を駆り立てたのは、漢王十一年（前一九六）、気脈を通じていた趙《ちょう》の相国陳豨《しょうこくちんき》の反乱だった。韓信は劉邦が陳豨討伐に出陣した隙をついて、急遽、軍勢を集め呂后《りょこう》と太子を急襲しようとした。しかし、この計画は密告者によって事前に露見した。そうとは知らず、韓信は呂后に協力した宰相蕭何《しょうか》の、陳豨はすでに敗死したゆえ、祝賀の会に出席するようにとの、偽りの呼び出しを真に受けて、うかうか宮中に出向き、たちまち捕縛され斬殺されてしまう。「国士無双《こくしむそう》」と称された韓信の無惨な最期だった。

ちなみに、韓信を国士無双と称えて、劉邦に推挙したのは蕭何であり、韓信を罠にはめ、死に至らしめたのも、ほかならぬこの蕭何だった。「**成るも蕭何、敗《やぶ》るも蕭何**（成功したのも蕭何のおかげ、失敗したのも蕭何のせい）」（南宋・洪邁《こうまい》著『容斎随筆』続筆）という言葉は、こうした韓信の運命を端的に表現したものである。

こうして韓信は滅び去ったものの、この翌年、漢王十二年（前一九五）、梁《りょう》王彭《ほう》越《えつ》が、やはり呂后の差し金で反乱罪に問われて処刑され、淮南《わいなん》王黥布《げいふ》が反乱を起

漢中市の韓信拝将台の下段に立つ蕭何像。
韓信の人生は蕭何の掌中にあった!?

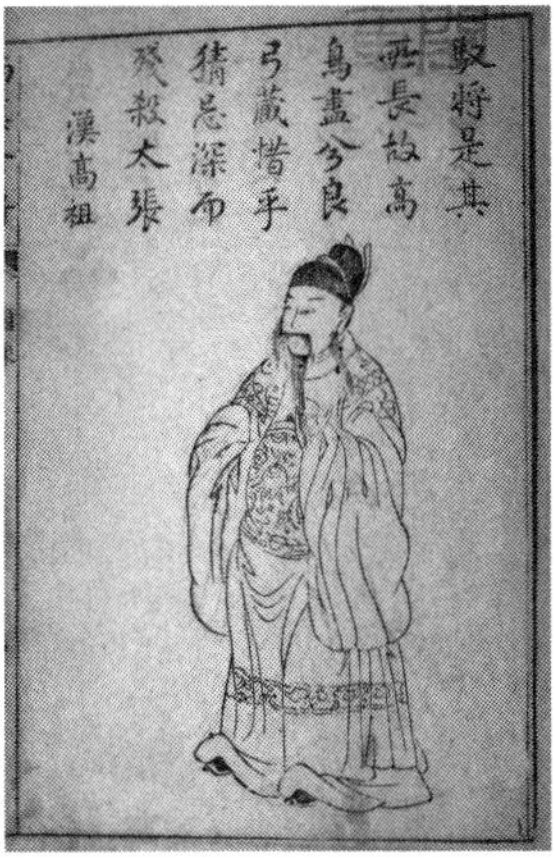

『西漢演義評像』では劉邦は将をあやつるのが
うまいなどと紹介されている。

こすなど、韓信と同様、外様《とざま》の諸侯の反乱事件があいついだ。考えてみれば、劉邦はもともと外様の彼らを警戒し、時の経過とともに呂后の示唆もあって、ますます猜疑心をつのらせ、疑われた方もしだいに追いつめられてゆく。そんな悪循環が繰り返されたというほかない。

みずから出陣した劉邦は、激戦の末に黥布を撃破、黥布はまもなく逃亡先で殺害され、凄惨な反乱劇もようやく終幕となった。劉邦は凱旋する途中、故郷の沛《はい》（江蘇省沛県）に立ち寄り、昔馴染み、長老、若者など、ありとあらゆる人々を招いて、盛大に酒宴をもよおした。このとき、劉邦はみずから筑《ちく》を打ち鳴らし、自作の歌「大風《たいふう》の歌」をうたった。

大風起兮雲飛揚
威加海内兮帰故郷
安得猛士兮守四方

大風　起こりて　雲　飛揚す
威　海内《かいだい》に加わりて　故郷に帰る
安《いず》くにか猛士を得て四方を守らん

「激しい風が吹き起こり、雲が大空を舞い飛ぶ。わが威勢は天下にゆきわたり、故郷に帰ってきた。このうえは、なんとかして勇猛の士を得て、四方を守りたいものだ」

この歌の第一句は風雲急を告げた秦《しん》末の大反乱を比喩的にあらわし、第二句ではこうした不穏な状況を制圧して天下をとり、故郷に錦を飾った自分の姿を誇らしく歌いあげ、第三句で、天下はとったものの、四方の国境地帯はまだ不安定であり、なんとか勇猛の士を得て守備したいものだと、歌いおさめる。

誇らしげな自負心とどこか不穏にして不安な影が交錯したこの「大風の歌」は、ライバル項羽の絶唱「垓下《がいか》の歌」と、まさに双璧《そうへき》をなす「英雄の歌」といえよう。

劉邦はこの歌を作った半年後、黥布との激戦のさいに負った矢傷が悪化し、この世を去った。項羽の死に遅れること七年である。

項羽に打ち勝ち天下を統一したものの、以来、七年にわたり、劉邦は猜疑心の虜になったあげく、たてつづけに起こった反乱の対応に忙殺され、軍勢を率いて東奔西走し、気の休まる暇もなかったように見える。

かてて加えて、後継者問題が紛糾し、長年のパートナーである呂后との関係もギクシャクするばかり。秦末の大混乱のなかから、浮かび上がった不退転の遊俠無頼、劉邦もしだいに持ち前の豪快さを失い、陰湿な暗い影におおわれてゆく。大いなる敵が消滅した瞬間、権力への妄執にとりつかれた悲劇というべきであろう。

呂后の専横と陳平・周勃の反撃

呂后《りょこう》（前二四一～前一八〇）は、無頼の劉邦《りゅうほう》がまだ海の物とも山の物ともつかないうちに、彼に惚れこみ、そのパトロンとなった任俠の親分の娘だった。その意味で、彼女はもともと劉邦の優位に立つ条件を備えていたが、劉邦が天下統一を果たし、漢王朝を立てるまでは、劉邦の父とともに大人しく項羽《こうう》の人質になるなど、あくまで控えめな糟糠《そうこう》の妻でありつづけた。

彼女が恐るべき残忍さの片鱗を見せたのは、劉邦が猜疑心にとりつかれ、強大な軍事力を有する韓信《かんしん》をはじめ創業の功臣を次々に粛清しはじめたころからだった。呂后は劉邦の粛清劇のまたとないパートナーになり、手腕をふるったのである。しかし、皮肉なことに、呂后が共犯者として有能さを発揮すればするほど、劉邦の心は彼女から離れていった。そんな晩年の劉邦の心をとらえたのが、若く美貌の戚《せき》夫人である。呂后は、後継者問題をめぐって、この戚夫人と壮絶な戦いを繰り広げた。

劉邦に愛された戚夫人は、すでに呂后の息子（恵《けい》帝）が太子となり、後継者の座についていたにもかかわらず、自分の産んだ息子（趙《ちょう》王如《じょ》意《い》）を太子にしてほしいと、日夜泣いて劉邦に迫った。恵帝は気が弱く、もともと気に染まなかったところに、戚夫人に迫られた劉邦は動揺し、恵帝を廃し如意を太子に立てようとした。いうまでもなく、呂后の戚夫人への怒りと憎しみはつのるばかり。

しかし、けっきょくこの戦いは昔馴染みの重臣たちを味方につけた呂后の勝利に帰した。決め手になったのは、呂后の意を受けた劉邦の名軍師張良《ちょうりょう》の作戦である。張良の意見によって、呂后は劉邦が崇拝する四人の老隠者、四皓《しこう》の出馬を乞い、彼らを太子の輔佐とした。これを知った劉邦は戚夫人に、「**羽翼《うよく》已《すで》に成れり、動かし難し**（輔佐の陣容がすでに整い、どうにもならない）」と告げ、太子の交替を断念させた。

紀元前一九五年、劉邦が死去した後をうけて、首尾よく息子の恵帝（前一九五

〜前一八八在位）が即位すると、呂后の恐るべき報復が始まる。彼女はまず趙王如意を毒殺し、母の戚夫人を悲嘆のどん底に陥れたあと、彼女にむごたらしい体刑を加えて「人彘《ひとぶた》」と名付け、厠《かわや》に放置してさらし者にした。変わりはてた戚夫人の姿を目のあたりにした恵帝は衝撃をうけ、「私はあなたの子として天下を治めてゆくことはできない」と呂后に抗議し、以後、政務を放擲《ほうてき》して享楽に溺れ、即位の七年後、二十四歳で衰弱死した。呂后の凄まじい攻撃的エネルギーは、勢いあまって、気の弱い息子まで滅ぼしてしまったというわけだ。

ちなみに、恵帝の即位に功のあった張良は以後、いっさい政治に関わらず、道教的な神仙術の修行に没頭したとされる。張良の推薦で劉邦在世のころから、相《しょう》国《こく》（行政の最高責任者）となった蕭何《しょうか》は恵帝が即位した翌年、病没し、その後任となったのはやはり劉邦の挙兵当初からつき従った曹参《そうさん》だった。曹参は蕭何と若いころ親しかったが、おたがいに栄達した後は不仲になった。にもかかわらず、自分を後任として推薦してくれた蕭何の信頼に感ずるところのあった曹参は、相国となった後、深酒にふけって政務をとらなかった。恵帝にその怠慢を咎められると、「高帝（劉邦）と蕭何が天下を定め、法令はすでに明らかです。今、陛下には手をこまねいて何もなさらず、私どもは職を守り、法令を守って失敗がないようにすれば、それでよいのではないでしょうか」と言い放ち、ひたすら蕭何の法令・政策を守りつづけたのだった。

朴訥で誠実な曹参が紀元前一九〇年、死去した後、王陵《おうりょう》と陳平《ちんぺい》が左右の丞相として枢機をつかさどったが、その二年後、恵帝が死去、呂后の権力欲は膨らむ一方となった。彼女はあいついで二人の幼い傀儡《かいらい》皇帝を立て、形式だけはととのえた上で、完全に実権を掌握し、政治・軍事の重要なポストをすべて実家の呂氏一族に占めさせ、王にしようとした。右丞相の王陵はこれに反対したために排斥されたが、左丞相の陳平は韜晦《とうかい》し、その鋭敏さを秘め隠して、日々、逸楽にふけるポーズを誇示し、呂氏の一族が王に立てられたときも、平然と賛成した。これを真に受けた呂后は、陳平の無能ぶりを喜んだという。

むろん、これは擬態であり、紀元前一八〇年、呂后が死去するや、陳平は太尉の周勃《しゅうぼつ》と力を合わせてクーデタを起こし、呂氏一族を全滅させた。この時、周勃

この本の表題は「呂后斬韓信」となっている（上）。呂后は、趙王如意の毒殺を命じ（中）、その母戚夫人にも徹底的な辱めを与え続けた（下）。
（いずれも元代刊行の『全相續前漢書平話』より）

が兵士に向かって、「呂氏の為にするものは右袒《ゆうたん》せよ、**劉氏の為にするものは左《さ》袒《たん》せよ**（呂氏に尽くしたい者は右肩を脱げ、劉氏のために尽くしたい者は左肩を脱げ）」（『史記』呂后本紀）と命じたところ、兵士はこぞって左肩を脱いで、劉氏への忠誠を誓った。

それはさておき、呂后の死まで、隠忍自重しつづけた陳平と周勃の踏んばりによって、劉氏の漢王朝は危機を脱し、重臣たちの協議により、呂后が立てた皇帝を退位させ、劉邦の息子の代王《だいおう》（代は山西省北部）劉恒《りゅうこう》が新たに立てられた。漢王朝第五代皇帝の文帝《ぶんてい》（前一八〇〜前一五七在位）である。文帝の即位後、陳平と周勃は左右の丞相となったが、陳平は文帝の即位の翌年、死去した。周勃はその後も丞相の地位にあったが、あまりに政局に深く関与したためか、一年足らずで免職になり、帰郷させられる羽目になった。

あげくの果てに、謀反の罪に問われて投獄され、獄吏に千金を与えて、ようやく活路を教えられ、無罪になるという一幕もあった。この時、周勃は、「**吾《わ》れ嘗《かつ》て百万の軍に将たり、然《しか》れども安《いずく》んぞ獄吏の貴《とうと》きを知らんや**（私はかつて百万の軍勢の将だったが、獄吏がこんなに威力があるとは知らなかった）」と、述懐したとされる。

これ以後、周勃は帰郷して、まずは穏やかな晩年を送り、文帝が即位した十一年後の紀元前一六九年、死去した。

付言すれば、周勃は劉邦の同郷人で、若いころは貧しく、葦《あし》の敷物を作って売ったり、葬式のときに簫《しょう》を吹いたりして、生計を立てていたが、武勇にすぐれ、やはり劉邦の挙兵当初からつき従った古つわものだった。

ともあれ、呂后が猛威をふるい、呂氏の天下になった漢王朝は、こうして劉邦配下の生き残りの陳平と周勃によって、ようやく再生の道を歩みだしたのだった。

武帝の登場

紀元前一八〇年、呂后《りょこう》の死後、重臣たちの協議により、劉邦《りゅうほう》の息子の代王《だい》（代は山西省北部）劉恒《りゅうこう》が漢王朝第五代皇帝の文帝《ぶん》（前一八〇〜前一五七在位）となった。文帝の母の薄《はく》夫人は、たまたま息子を産んだものの、その後、高祖《こうそ》劉邦に顧みられることもないという、いたって地味な女性だった。しかし、これが逆に幸いし、高祖の死後、呂后は戚《せき》夫人のみならず、高祖が寵愛した宮女をすべて迫害し監禁したが、高祖に愛されなかった薄夫人にだけは寛容であり、息子の代王劉恒について都長安を離れ、領地の代に住むことを許した。こうして薄夫人は代王の太后《たいこう》として十数年すごした後、呂后の専横に懲り、皇太后アレルギーになった重臣たちのお眼鏡にかなって、息子の代王が皇帝に選ばれるとともに、自らも皇太后（薄太后）となることができたのだった。地味な日陰の花でありつづけたことが、逆に彼女とその息子に幸運をもたらしたのである。

もっとも、消去法的な選ばれ方によって浮かびあがり、即位したにしては、文帝さらにはその息子で、第六代皇帝になった景《けい》帝（前一五七〜前一四一在位）はすこぶる優秀だった。文帝と景帝は手がたく政策をおしすすめ、社会はじりじりと繁栄に向かった。とりわけ景帝は、紀元前一五四年、高祖劉邦の兄劉仲《りゅうちゅう》の息子である呉《ご》王濞《び》を盟主とし、地方の七国（呉・楚《そ》・趙《ちょう》・膠西《こうせい》・膠東《こうとう》・菑川《しせん》・済南《せいなん》）を領有する劉氏一族の諸王が起こした「**呉楚七国の乱**」を制圧、基本的に皇帝が全国を直接支配する中央集権体制を固めたのだった。

ちなみに、劉邦は、秦《しん》王朝が性急に中央集権体制によったために失敗した前例に鑑《かんが》み、劉氏一族を諸王として地方に分封する封建制をとった。けっきょく漢王朝は時間をかけ、劉邦が即位してからほぼ五十年後、ゆるやかに中央集権体制に移行したといえよう。

漢王朝第七代皇帝となった景帝の息子、武帝（前一四一〜前八七在位）は、このように政治システムが安定し、社会はいっそう繁栄に向かうという、上昇気流に乗った時代に登場した。しかし、紀元前一四一年、十六歳で即位した当初の武帝は、強烈な女性たちに包囲されていた。武帝の曾祖母にあたる薄太后はなるほど地味な女性だったが、祖母つまり文帝の皇后、のちの竇《とう》太后は貧しい家に生まれ、呂后の侍女になった経歴の持ち主であり、きわめて権力志向の強い女性だった。彼女は息子の景帝が即位すると、発言力を強め、以後、孫の武帝の時代に至るまで、母の力・祖母の力を発揮して君臨するのである。さらに竇太后の娘（景帝の姉）で武帝の伯母にあたる館陶長公主《かんとうちょう》もまた侮りがたい存在だった。

もっとも、武帝が即位できたのも、実は館陶長公主が武帝の母の王夫人と手を組んだおかげである。景帝の皇后に息子がなかったため、当初、後継者として太子に立てられたのは、愛姫栗《りつ》夫人の息子であり、館陶長公主は彼と自分の娘を結婚させようとした。しかし、館陶長公主に反感をもつ栗夫人が拒否したため、立腹した彼女は一転して、栗夫人のライバル王夫人に縁談をもちかけた。賢明な王夫人は快諾し、ここに王夫人の息子（のちの武帝）と公主の娘の縁談がまとまった。絵に描いたような政略結婚だが、もともと武帝は幼いときから、阿嬌《あきょう》と呼ばれる館陶長公主の娘が好きであり、「**若《も》し阿嬌を得て婦と作《な》さば、当《まさ》に金屋を作りて之《こ》れを貯《たくわ》うべし**（嬌ちゃんをおよめさんにできたら、黄金づくりの家に住まわせてあげるんだ）」（『漢武故事』）と言っていたという。大人たちの思惑をよそに武帝にとって、この結婚は初恋の成就だったわけだ。

その後、館陶長公主は王夫人と手を組んで、景帝を巧みに動かし、ついに栗夫人の息子を太子の座から引きずり下ろした。この結果、武帝が代わって太子となり、王夫人も皇后に格上げとなった。ちなみに、王夫人は根っからの庶民の出だが、辣腕の公主のおかげで、息子ともどもみるみるうちに大出世を遂げたのだった。

さて、景帝の死後、首尾よく即位したものの、儒家《じゅか》思想を重視する武帝に待ったをかけるなど、何事につけ祖母竇太后が口を出すのが、若い武帝の頭痛の種だった。ちなみに、竇太后は道家《どうか》思想の信奉者であり、大の儒者嫌いだったのである。しかし、そんな竇太后も武帝が即位した六年後に他界し、解放された武帝は以後、儒家的政策を積極的に取り入れ、思いどおりの国家体制を築いていった

(元号を制定したのは、即位の翌年、紀元前一四〇年すなわち建元元年である。これは中国における最初の元号にほかならない)。

こうして自己権力を確立したとはいえ、武帝の周囲には、まだ母の王太后や伯母であり姑でもある館陶長公主といった手ごわい女性がひかえていた。また、初恋の人だった館陶長公主の娘阿嬌(武帝即位後は陳皇后)は高慢ちきで、子供ができなかったためもあり、夫婦仲はしだいに冷えた。

そんな時、武帝は衛子夫《えいしふ》という女性とめぐりあう。彼女は武帝の姉平陽《へいよう》公主専属の歌舞団の歌手だった。武帝に愛された衛子夫は三人の娘を産み、武帝が即位してから十四年後の元朔《げんさく》元年(前一二八)、武帝にとって初めての男の子を産む。時に武帝二十九歳。陳皇后はすでにこの二年前、皇后位を剥奪されており、後継ぎを産んだ衛子夫はまもなく皇后の座につく。こうして武帝はついに恐るべき女性たちの呪縛を断ち切ったのである。

皇后になった衛子夫は、これまた頗る付きの下層階級の出身だった。彼女の母の衛媼《えいおう》は、武帝の姉平陽公主の屋敷に仕えていたが、男性関係にルーズであり、

『三才圖會』で紹介されている景帝(右)と武帝父子。
武帝のほうが目つきが鋭く感じられる⁉

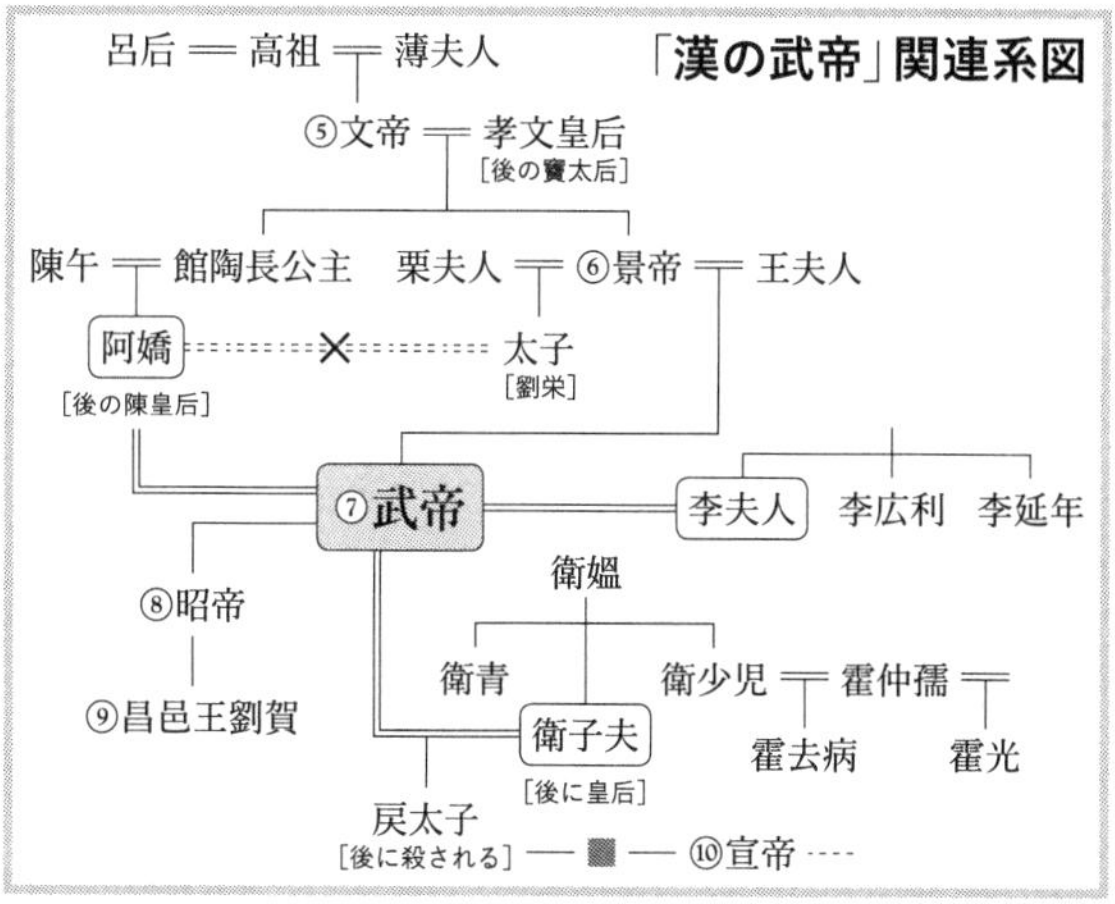

三男三女、合計六人の婚外子を産んだ。その三女にあたる衛子夫は生まれながらの奴隷として、平陽公主の歌舞団に属していたところを、武帝に見いだされたのである。貴族的で高慢ちきな陳皇后とうまくゆかなかった武帝は、衛子夫に祖母や母と共通する庶民的要素を見いだし、心地よいくつろぎを覚えたのかも知れない。

さらにまた、この衛子夫の一族から、有能な二人の軍事家が出現した。匈奴《きょうど》征伐で大活躍した衛子夫の弟衛青《えいせい》と甥の霍去病《かくきょへい》である。武帝ひいては漢王朝の絶頂期は、この衛子夫一族のように、ひょんなことから下層社会の有能な人々が浮びあがり、手腕を発揮する機会に恵まれたことによってもたらされたといえよう。青壮年期の武帝は因襲を打破し、新しい時代を築いた、颯爽感あふれる君主だったのである。

最盛期の武帝

元朔《げんさく》元年（前一二八）、後継ぎの母となった衛子夫《えいしふ》を皇后に立てたころから、武帝は公私ともに自信を深め、かねての念願どおり、儒家《じゅか》思想を基礎とする国家体制を築くと同時に、四方八方に軍勢を繰りだして異民族を制覇し、漢王朝の領域を拡大しようとした。そんな武帝がもっとも力を入れたのは、北方異民族匈奴《きょうど》の征伐だった。

漢王朝では、初代皇帝の高祖《こうそ》が紀元前二〇〇年、匈奴を攻撃して失敗、平城《へいじょう》（山西省）の白登山《はくとさん》で絶体絶命の危機に陥ったとき、ひそかに匈奴の単于《ぜんう》の妃に贈り物をし、辛うじて危機を脱したという苦い経験があった。これ以後、漢王朝では毎年、辞を低くして匈奴に貢物を届け、なんとか融和状態を保ってきた。

かくして、積極果敢な武帝は父祖以来の屈辱をはねのけるべく、匈奴攻撃に乗りだすのだが、武帝にとって幸いしたのは、皇后になった衛子夫の身内から、傑出した軍事的才能をもつ者が出現し、匈奴征伐の主導力となったことだった。すなわち、子夫の弟の衛青《えいせい》（？～前一〇六）と甥（子夫と衛青の姉少児《しょうじ》の息子）の霍去病《かくきょへい》（前一四〇～前一一七）である。

衛青の父は、武帝の姉平陽《へいよう》公主の屋敷に仕えていた鄭季《ていき》という役人であり、母は屋敷の召使いの衛媼《えいおう》だった。このときすでに衛媼には、衛青の兄と二人の姉（衛少児と衛子夫）と、つごう三人の子供があったが、彼らと衛青とは父親を異にするとおぼしい。

ともあれ、衛青は平陽（山西省臨汾《りんふん》県）にあった父の家に引き取られ、羊飼いとして幼少期を過ごしたが、正妻の息子たちは彼をバカにして奴隷扱いしたという。あるとき、そんな衛青の人相を見て、「貴人の相がある。諸侯になれるだろう」と占った者がいた。しかし、衛青は、「**人奴《じんど》の生、笞《むち》うたれ罵《ののし》らること毋《な》きを得れば即《すなわ》ち足れり。**安《いずく》んぞ封侯《ほうこう》の事を得ん（人の奴隷の身で、鞭うたれず罵られないですめば、それで充分だ。どうして諸侯になどなれよう）」と笑うばかりだった。

もっとも、すでに論者が指摘するように、匈奴の習俗の影響のあった中国西北部の平陽で羊飼いをしていた衛青は、屈辱的な境遇にあったとはいえ、おそらく馬を自在に乗りこなすなど、後年の匈奴との戦いに不可欠な能力を、自ずと体得していたものと思われる。

この高望みしない少年、衛青が世に出る契機になったのは、姉衛子夫が武帝に愛され宮中に入ったことだった。彼は成人後、平陽公主の屋敷にもどり、御者となったが、やがて姉の引きで宮中の建章宮《けんしょうきゅう》に勤務した。このとき、彼はとんでもない目にあう。衛子夫が最初の子をみごもると、嫉妬した陳皇后が腹いせに、母の館陶長公主《かんとうちょう》と結託して衛青をとらえ処刑しようとしたのである。幸い友人のおかげで、衛青は危機を逃れることができたばかりか、この話を耳にした武帝にとりたてられ、以後、出世の階段を駆けあがってゆく。

衛青がその稀有の軍事的才能をみせつけたのは、元光《げんこう》六年（前一二九）、車騎《しゃき》将軍として軍勢を率い、匈奴を討って輝かしい戦績をあげたときであった。以来、約十年にわたり、つごう七度遠征して匈奴と戦い、そのたびに勝利をおさめた。

この間、元朔五年（前一二四）には、最高位の将軍である大将軍となり、かつて御者として仕えた平陽公主の再婚相手にもなった。しかし、苦労人の衛青はいたって控えめであり、出世してもまったく驕る気配もなかったという。ただ、温和で柔軟な反面、武帝に媚びるところがあったため、世間の評判は芳しくなかったとされる。苦労しすぎた弊害であろうか。

いずれにせよ、逆境から這いあがった衛青は地味な職人肌の軍人だったが、甥の霍去病は対照的に、華麗な天才型の武将だった。霍去病の母は衛子夫と衛青の姉衛少児、父は霍仲孺《かくちゅうじゅ》という人物だとされる。衛少児は奔放な女性であったらしく、妹の子夫の地位が上がると、かねて関係のあった陳掌《ちんしょう》（漢王朝創業の功臣陳平の曾孫）と結婚したという。

霍去病は皇后となった衛子夫の甥として、元朔六年（前一二三）、十八歳のときに、武帝によって侍中《じちゅう》に取り立てられ、まもなく騎射が得意だったために、叔父の衛青にしたがって匈奴征伐に参加し、大手柄を立て、やがて驃騎《ひょうき》将軍になった。もっさりした衛青とは異なり、霍去病は才気煥発にして勇猛果敢であり、そんな

張騫が武帝(左)に見送られて西に向かう様子を描いた敦煌石窟画（部分)。碑に「博望侯張騫」の文字。

西安郊外の茂陵（武帝の陵）博物館にある霍去病の墓。24歳で病死とはあまりにも悲しい。

彼をいたく愛した武帝が、選り抜きの精鋭部隊を与えたためもあって、霍去病は以後、元狩《げんしゅ》四年（前一一九）に至るまで、つごう六度、匈奴と戦い、いずれもはなばなしい成功をおさめた。

ちなみに、彼は実戦型の武人であり、あるとき武帝が孫子《そんし》・呉子《ごし》の兵法を教えようとすると、「**方略《ほうりゃく》の何如《いかん》を顧みるのみ。古《いにしえ》の兵法を学ぶに至らず**（いかなる方法・戦略をとるか、よく考えるだけでよく、昔の兵法など学ぶまでもありません）」と言ってのけた。武帝はそんな霍去病をますます気に入り、厚遇したので、世間的評価も高まり、衛青の影がうすくなるほどだった。ただ、若いころから、尊貴の身だったため、配下に対して思いやりに欠けるところがあり、匈奴征伐のさなか、兵士が疲労困憊しているにもかかわらず、平然と蹴鞠《けまり》に興じたりすることもあったとされる。

この我が道を行った天才的な武人、霍去病は元狩六年（前一一七）、わずか二十四歳で病死し、武帝を大いに悲しませた。霍去病の死後、衛青はなお十一年、生きつづけたが、大々的な匈奴征伐は、その後、武帝の晩年に至るまで、ながらく実施されなかった。衛青と霍去病に痛撃された匈奴の勢力が弱体化したためであろうが、武帝にとっては、霍去病の欠けた匈奴征伐は考えられなかったのかもしれない。

武帝の最盛期は、下層から浮かび上がった衛子夫を皇后に立て、その一族のなかから衛青や霍去病のような優秀な者たちを抜擢して、宿願の匈奴征伐に成功した時期、時間的には元朔元年（前一二八）から、霍去病が他界した元狩六年（前一一七）まで、すなわち武帝の二十九歳から四十歳までの約十年だったといえよう。絶頂期はいつまでもつづくものではない。武帝の老いの深まりとともに、やがて漢王朝にも暗い影がしのびよってくる。

晩年の武帝

儒家《じゅか》思想にもとづく国家体制を固め、宿願の匈奴《きょうど》征伐に成功して、漢王朝を絶頂期に導いた武帝も晩年に至り、老いが深まるとともに、しだいに衰えの兆候が顕著になる。秦《しん》の始《し》皇帝と同様、不老長寿を求めて神仙思想に血道をあげたり、莫大な経費を投じて柏梁台《はくりょうだい》や建章宮《けんしょうきゅう》等々の巨大建造物を造営したりと、とめどなく奢侈《しゃし》に溺れるようになったのである。のみならず、容色の衰えた衛《えい》皇后に興味を失い、絶世の美女李《り》夫人に夢中になるなど、女性問題も乱脈になってゆく。

李夫人の兄の李延年《りえんねん》は宮廷歌舞団の芸能者であった。彼は美貌の妹を武帝に近づけようともくろみ、次のような歌を舞いながらうたったとされる（『漢書』外戚伝）。

北方有佳人
絶世而独立
一顧傾人城
再顧傾人国
寧不知傾城与傾国
佳人難再得

北方に佳人有り
絶世にして独《ひと》り立つ
一顧《いっこ》すれば人の城を傾け
再顧《さいこ》すれば人の国を傾く
寧《いずく》んぞ傾城《けいせい》と傾国《けいこく》を知らざらんや
佳人は再びは得《え》難し

この歌を聞いた武帝は、そんな**傾城傾国**の美女に会ってみたいと思い、李延年の妹を召し寄せた。すると、なるほど絶世の美女だったので、たちまち心を奪われた。しかし、武帝最愛の寵姫、李夫人となった彼女は、息子を一人産んだ後、重病にかかってしまう。

今わのきわに、武帝が見舞いに訪れたとき、武帝は最後にもう一度顔を見たいと願ったが、李夫人は病みくずれた顔を見せることはできないと、かけ布団で顔をおおった。なおも武帝はただ顔を見せてくれさえすれば、彼女の兄弟に尊貴の官位を与えようと懇願したが、彼女はすすり泣き、顔をおおうばかり。

武帝が立ち去った後、彼女の姉妹がどうして顔を見せて、兄弟のことを頼まなかったのかと責めると、李夫人は、「**夫《そ》れ色を以《もっ》て人に事《つか》える者は、色衰えて愛弛《ゆる》み、愛弛めば則《すなわ》ち恩絶《た》ゆ**（そもそも容色をもって仕える者は、容色が衰えれば愛はゆるみ、愛がゆるめば恩愛は絶えます）」（『漢書』外戚伝）と言い、見る影もなくやつれた顔を見せれば、いっぺんに愛想を尽かされ、兄弟のことなど心にかけてもらえるわけがない、と、断言した。李夫人が見抜いたとおり、彼女のかつての美貌を心に刻みつけた武帝は、彼女を皇后の礼によって葬り、先にあげた兄李延年を協律都《と》尉《い》に、もう一人の兄李広利《りこうり》を弐師《じし》将軍に抜擢した。

こうして李広利は衛皇后の弟衛青《えいせい》と同様のパターンで、将軍に抜擢されたものの、いかんせん、彼には衛青のような軍事的才能はまったくなかった。彼は天漢《てんかん》二年（前九九）、ふたたび勢いを強めた匈奴の征伐に三万騎を率いて出陣したのを皮切りに、征和《せいわ》二年（前九二）まで、三度にわたり司令官として匈奴征伐に出陣した。しかし、いずれも失敗におわり、三回目の征和二年、匈奴軍に敗北して捕らえられ殺害された。この顚末もまた、最盛期を過ぎた武帝ひいては漢王朝が、下り坂にさしかかったことを暗示するといえよう。

ちなみに、「飛《ひ》将軍」と呼ばれた弓の名手の名将李広《りこう》（?～前一一九）の孫、李陵《りりょう》（?～前七二）が匈奴に降伏したのは、天漢二年、李広利が最初に指揮した匈奴征伐のさいだった。李陵は李広利の指揮下で、五千の別働隊を率い匈奴の動静を探るうち、匈奴の騎兵三万に包囲された。彼は部下を率いて必死に戦ったものの、ついに刀折れ矢尽きて、匈奴に降伏した。

李陵の降伏は思わぬ事件を引き起こした。この情報を得た武帝が激怒し、朝廷の重臣も同調するなか、敢然と李陵を弁護した司馬遷《しばせん》（前一四五～前八六）が、怒り心頭に発した武帝によって、なんと宮刑《きゅうけい》に処せられてしまったのだ。この屈辱に耐えて生きのびた司馬遷は、その後、憤怒と怨念をバネとして、壮大な歴史書『史記』を完成させるに至る。いわゆる「**発憤著書**《はっぷんちょしょ》」である。

それはさておき、李陵および司馬遷に対する、見境のない怒りの爆発から見て明らかなように、武帝はたしかに老いはじめ、こらえ性がなくなっていた。そんな武帝に追い打ちをかけたのは、李陵降伏の八年後、征和二年（前九一）に勃発した「巫蠱《ふこ》の乱」である。

武帝の後継者戻《れい》太子は江充《こうじゅう》なる男と確執があり、この男に皇帝を呪詛したなど、身に覚えのない罪状をきせられ、告発されそうになった。危機感をもった太子は母の衛皇后と相談して江充を殺害し、クーデタに踏み切った。このとき戻太子は三十八歳、太子となってからすでに三十一年が経過していた。衛皇后への愛などとうに薄れ、性格のちがう太子にも違和感をもっていた武帝は、ためらうことなくこのクーデタを鎮圧した。この結果、衛皇后は迫られて自殺し、太子もまもなく殺害されたのだった。

かつての英明さを失い、長年のパートナー衛皇后と後継者の太子まで抹殺した武帝は、この四年後、死去した。帝位にあること足かけ五十五年、時に七十歳。最盛期を支えた文武の逸材はすでになく、ゆたかだった国家財政もたびかさなる遠征や贅沢三昧によってもはや火の車であった。まさに華やかな絶頂期の喜びと祭りのあとの寂寞を一身で味わい尽くした生涯だった。武帝の自作とされる「秋《しゅう》

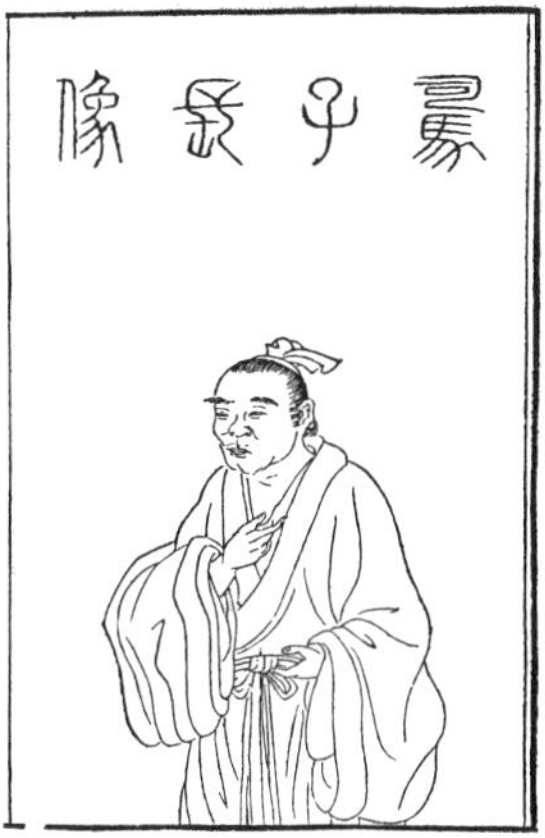

武帝から無体な仕打ちを受けた司馬遷の怒りは
いかばかりか。（清代刊行『古聖賢像傳略』より）

甘粛省天水市にある李広の墓。天水は西にも
北にも向かう要地。諸葛亮ともその北伐で縁が深い。

風《ふう》の辞」の末尾二句は、次のように歌う。

歓楽極兮哀情多　　歓楽極まりて哀情多し
少壮幾時兮奈老何　　少壮　幾時《いくとき》ぞ　老いを奈何《いかん》せん

「歓楽がきわまると哀感がわきおこる。盛りのときはまたたくまに過ぎ、老いを避けるすべもない」
この「**歓楽極まりて哀情多し**」という句は、まさに武帝の生涯を凝縮した表現にほかならない。

前漢王朝の滅亡、王莽の簒奪

征和《せいわ》二年（前九二）、「巫蠱《ふこ》の乱」の首謀者として、衛《えい》皇后と後継者の戻《れい》太子まで抹殺した武帝が、四年後、死去すると、後継の座についたのは、趙倢伃《ちょうしょうよ》という女性が産んだわずか八歳の昭《しょう》帝（前八七〜前七四在位）だった。ちなみに、母の趙倢伃は生まれつき両手とも拳をにぎったまま、開くことができなかったが、武帝が召し寄せて自ら開けてやると、即座に開き指が伸びたという奇譚の主であった。これによって「**拳《けん》夫人**」と呼ばれ、武帝に愛されて昭帝を産むに至った。しかし、せっかく即位したものの、昭帝は、大人たちの凄まじい政争に翻弄されたあげく、元平《げんぺい》元年（前七四）、二十一歳で生涯を終えた。

昭帝にはまだ息子がなく、朝廷の実力者霍光《かくこう》（霍去病《かくきょへい》の異母弟）らは、武帝の孫の昌邑《しょうゆう》王劉賀《りゅうが》を後継の座につけたが、劉賀は素行不良のため、わずか二十七日で退位させられてしまう。この後、皇帝の座についたのは、意外な人物だった。それは、あの不幸な戻太子の孫、武帝と衛皇后の曾孫にあたる人物である。巫蠱の乱のさい、戻太子の関係者は皆殺しになったが、ただ一人、まだ乳飲み子だった戻太子の孫（太子の息子が自らの後宮の女性に産ませた子供）だけは命びろいし、母方の曾祖母に育てられた。霍光らは、この人物に白羽の矢を立て、漢王朝九代皇帝の宣《せん》帝（前七四〜前四九在位）としたのである。

二十四歳まで民間で育った宣帝は、坊ちゃん育ちの皇帝など足元にも及ばぬ手腕を発揮して、武帝の末期から傾きはじめた漢王朝を支える名君となった。なお、剛直な宣帝はあえて朝臣たちの意に反し、民間にいたころ結婚した妻を、そのまま皇后（許《きょ》皇后）にしたものの、まもなく彼女は後宮の奥深くで毒殺されてしまう。実は、毒殺の首謀者は、娘を皇后にしようと躍起になった霍光の妻だった。霍光はこの一件には無関係だったが、事情が判明すると、事件をもみけし、けっきょく彼の娘が皇后の座につく。この事件を見ても、宣帝のがんばりにもかかわらず、漢王朝の腐蝕が隠微な形で進行していたことがわかる。

宣帝の死後、後継者となった元帝《げん》（毒殺された許皇后の息子。前四九〜前三三在位）、さらに元帝の後継者となった成帝《せい》（前三三〜前七在位）の時代になると、漢王朝の衰えに加速度がつく。とりわけ成帝は、王朝末期にしばしば出現する、典型的な享楽型の天子だった。成帝は、ダンサーの趙飛燕《ちょうひえん》を熱愛して皇后とし、酒食に溺れて身を持ち崩してゆく。

趙飛燕は、中国美女史上、春秋時代の呉《ご》の西施《せいし》、唐の楊貴妃《ようきひ》と肩をならべる存在であるが、その特徴は「飛燕」の名が示すごとく、極端な痩身と敏捷な身のこなしにある。しかし、彼女はいわゆる「禍《わざわい》の美女」であり、妹とともども成帝を快楽の淵に誘いこんで、破滅させ、自らも非業の最期を遂げるに至った。

荒淫の果てに成帝が頓死すると、漢王朝は一瀉《いっしゃ》千里、滅亡の坂を転がり落ちるばかりとなった。そうした状況のもと、みるみるうちに勢力を強め、のしあがったのは、元帝の正妻にして成帝の母たる王《おう》太后（元太后）の外戚王莽《おうもう》（前四五〜後二三）である。

王太后の一族は、九人の列侯、五人の大司馬を出すなど、栄華をきわめたが、当初、王莽だけは不遇だった。王太后の異母弟にあたる、彼の父王曼《おうまん》が早死したためである。立身出世をはかる王莽は名声を得るべく、儒教の聖典である「五経《ごきょう》」の一つ、『礼記《らいき》』を学び、礼教の規範を体得して、母への親孝行ぶりを誇示するなど、聖人君子のポーズをとりつづけた。この作戦は図に当たり、その高潔さを買われて、陽朔《ようさく》三年（前二二）、二十四歳で官界に入ったのを皮切りに、途中、挫折はあったものの、基本的に出世街道を驀進した。

王莽の出世に加速度がついたのは、元寿《げんじゅ》二年（後二）、成帝の死後、即位した異母弟の哀《あい》帝（前七～後一在位）が死んだ後である。王太后の命により、皇帝選びの先頭に立った王莽は、子供のなかった哀帝の後継者に、元帝の孫だった中山《ちゅうざん》王すなわち平《へい》帝（前一～後五在位）を選び、政局の主導権を掌握した。ちなみに、平帝はこの時わずか九歳だった。

これを機に、王莽は帝位簒奪を射程に入れ、猛然と行動を開始する。社会全般にオカルト志向が強まっていたおりしも、王莽はこの風潮を最大限に利用し、瑞《ずい》祥《しょう》や符命《ふめい》（天が誰かを皇帝にしようとするときにあらわす印《しるし》）を連発、権力奪取の道具

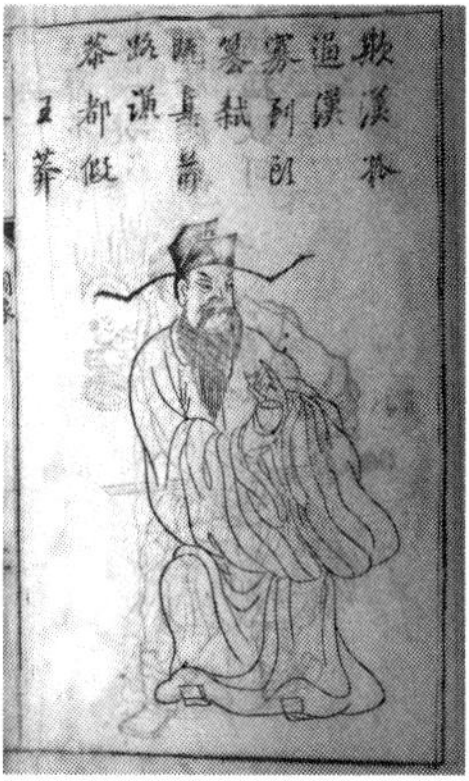

世が乱れてくると王莽のような
大向こう受けする人物が出てきて人々を惑わす。

王莽が発行した28種類の貨幣のなかの代表的なもの。
上段が高額、下段は小額貨幣とわかりやすい。

立てとした。六年後、世論操作が功を奏し、王莽人気が高まった時点で、平帝が死去、さらに一歩、皇帝の座に近づいた王莽は、なおも謙譲を装い、帝位は空けたまま、宣帝の玄孫でまだ二歳の孺子《じゅし》嬰《えい》を太子に立て、自分はあくまで臨時の皇帝として幼帝を輔佐するポーズをとりつづけた。

王莽が名実ともに皇帝となり、漢王朝を滅ぼし新王朝を立てたのは、この三年後、初始《しょし》元年（後八）のことである。即位を正当化するために、はなばなしいオカルト的な仕掛けが用いられたことはいうまでもない。なんとも姑息な簒奪の正当化というほかない。

即位した王莽はアナクロニズムの権化になった。彼は、周囲に集めた学者の説く復古主義的な理想論にかぶれ、『周礼《しゅらい》』や『礼記』など儒教の経典に合わせて、中央官庁の官職名を改称し、地方の行政機構を再編成した。この結果、実情にあわない制度は浮き上がり、行政機構は大混乱におちいってしまう。また、新しい貨幣を発行し、塩・鉄・酒を専売にして物価を安定させようとしたが、これまた新貨幣がなんと二十八種類も発行され、経済機構はたちまち破綻する。一事が万事、この調子で王莽の新政策はすべて失敗に終わった。ちなみに、「**酒は百薬の長**《ちょう》（酒はどんな薬より心身にききめがある）」という言葉は、王莽が、新経済政策のために発布した詔に見える表現だが、偽君子王莽の政策は疲弊した社会に功能を与えるどころか、害毒を流すばかりだったのである。

王莽の失敗があらわになると、その人気はたちまち地に落ちた。けっきょく、王莽の新《しん》王朝は、「赤眉《せきび》の乱」（一八～二七）をはじめとする民衆反乱と、前漢王朝の一族である、劉玄《りゅうげん》（更始《こうし》帝。？～二五）および劉秀《りゅうしゅう》（後漢の光武《こうぶ》帝。前六～後五七。二五～五七在位）らの豪族反乱によって、創設後、十年もたたないうちに、騒乱の渦に巻きこまれ、わずか十五年で滅亡、王莽自身も非業の最期を遂げるに至った。

光武帝（劉秀）の擡頭、後漢王朝の成立

王莽《おうもう》の新《しん》王朝の失政が露わになると、各地で反乱の火の手があがり、やがてこれらが結集、大反乱軍へと膨れあがってゆく。地《ち》皇《こう》三年（二二）、山東で蜂起した大反乱軍は成昌《せいしょう》（山東省）で、王莽の派遣した官軍を撃破、十万余りの大勢力となる。この戦いにおいて、反乱軍の兵士は同士討ちを回避すべく眉を赤く染めたため、以後「赤眉《せきび》」と呼ばれる。

赤眉の乱が華北を席捲したのと前後して、南の湖北方面でも火の手があがる。まず、困窮した流民が結集し、荊《けい》州の緑林《りょくりん》山（湖北省天門県）を拠点として反乱（**緑林の乱**）を起こし、たちまち数万の大軍団に膨れあがる。この緑林軍の一部と手を組んだのが、南陽《なんよう》（河南省南陽市を中心とする地域）の大豪族劉氏一族出身の劉《りゅう》玄《げん》（?～二五）である。

一方、劉玄の母胎である南陽の劉氏一族にも大きな動きがあった。この一族の始祖は漢王朝第六代皇帝の景帝《けい》（前一五七〜前一四一在位）の子、長沙《ちょうさ》王劉発《りゅうはつ》だが、その後、一族は南陽に移住し、強大な勢力をもつ土着豪族となった。この南陽の劉氏一族のなかから、王莽体制に反旗をひるがえし、劉氏の漢王朝を復興することをめざして、劉縯《りゅうえん》（?〜二三）・劉秀《りゅうしゅう》（前六〜後五七）兄弟が手勢を集めて蜂起するのである。

ちなみに、兄の劉縯は大勢の食客を養う任侠肌の人物だが、弟の劉秀は勤勉な働き者で、首都長安に遊学し『尚書《しょうしょ》』を学んだこともある勉強家だった。やがて、まじめな勉強家の劉秀もついに意を決して、先に挙兵していた兄劉縯と合流して武装蜂起した。当初は準備不足であり、劉秀は牛に乗って出陣し、官軍から馬を奪ってようやく乗り換えるありさまだった。しかし、その実、牛に乗った知性派豪族、劉秀は戦いにはめっぽう強かった。

初期段階において主導権をとったのは、知謀も度胸もある兄劉縯だった。劉縯は緑林軍に呼びかけて大合体を果たし、格段に戦力を強化するに至る。かくて王莽の派遣した大軍を次々に撃破して進撃をつづけるうち、豪族・流民連合軍は十数万に膨れあがった。

地皇四年（二三）、王莽に対抗して漢の皇帝を立てるべく、豪族・流民連合軍の幹部が会議を開く。南陽豪族は劉縯を推したが、流民軍の頭目たちは術策を弄し、因縁の深い劉玄を押し立てた。剛毅な劉縯よりも、脆弱で動かしやすいと考えたのだ。ともあれ、こうして劉玄は即位し皇帝となった。いわゆる更始帝《こうし》（二三〜二五在位）である。

この不愉快な即位劇の後も、劉縯兄弟は戦闘意欲を失わず、王莽の大軍を次々に撃破した。劉玄一派はこの劉縯兄弟、とりわけ剛毅な兄劉縯の声望が上がることを警戒し、口実を設けて殺害してしまう。このとき、劉秀は動揺を抑え、ひたすら隠忍自重した。

そうこうするうち、地皇四年（更始元年）、劉玄の派遣した軍勢が進撃を開始、長安に殺到して王莽を血祭りにあげる。こうして、王莽の新王朝はわずか十五年で滅亡した。翌更始二年（二四）、劉玄も長安に入城し、名実ともに皇帝になるが、政治機構を整備するどころか、たちまち酒色に溺れて、身を持ち崩し、更始三年（二五）、いったん降伏したものの、絶望して反旗をひるがえした赤眉軍に殺害されてしまう。在位わずか一年七か月の茶番劇だった。

劉玄の死と前後してみるみる力を強めたのは、かの劉秀だった。長安を離れ、流民軍を撃破して河北を平定した劉秀は、更始三年（建武元年）、配下の諸将の要請を受けて帝位につく。後漢王朝成立、名君光武《こうぶ》帝（二五〜五七在位）の誕生である。ほどなく劉玄が赤眉軍に殺害され、光武帝は洛陽に入城、後漢の首都とする。以後、光武帝はなおも残存する流民軍を制圧し、王莽の新王朝末期に頻発した民衆反乱を終息させたのだった。

後漢王朝創設後、光武帝は隴西《ろうせい》の隗囂《かいごう》や蜀《しょく》の公孫述《こうそんじゅつ》など、残存する敵対勢力を征伐する一方、前漢末以来、乱れきった政治機構の整備に乗り出す。光武帝は、軍事的センスは抜群だが、人となりは穏やかであり、政治手法もまた自ら「**吾《わ》れは天下を理《おさ》むるも、亦《ま》た柔道《じゅうどう》を以《もっ》て之《こ》れを行わんと欲す**（私は天下を治めるときも、やはり穏やかなやりかたをしたいと思う）」（『後漢書』光武帝紀）と述べているように、慎重に内政の安定をはかった結果、疲弊しきった社会状況は、しだいに平穏をとりもどし、ゆるやかに回復していった。

もっとも、柔道を旨とする光武帝にも、これと思ったことはやりぬく芯の強さがあった。彼は若いころ、南陽豪族陰《いん》氏の娘で、美貌の誉れ高い陰麗華《いんれいか》にあこがれ、「**仕《し》宦《かん》しては執金吾《しつきんご》**（近衛長官）、**妻《め》を娶《と》りては陰麗華**」（『後漢書』皇后紀）と切に望み、念願かなって彼女と結婚した。しかし、河北平定戦において敵の内部分裂をはかり、やむなく有力豪族郭《かく》氏の娘と政略結婚、正夫人とし即位後は皇后に立てた。しかし、後漢王朝が盤石となった建武《けんぶ》十七年（四一）、この郭皇后を廃して陰麗華を皇后に立て、彼女の産んだ子を後継の太子（のちの第二代皇帝明《めい》帝）に指名する。長年の深い思いを忘れなかったのである。

付言すれば、光武帝の周囲には、前漢王朝の高祖《こうそ》劉邦《りゅうほう》のように絢爛たる文武の才能にあふれた配下は見当たらない。そうしたなかで、ひときわ目立つ存在は馬《ば》援《えん》（前一四～後四九）である。馬援は若いころ芽が出ず、兄に「**汝は大才なり、当《まさ》に晩成すべし**（おまえは大器晩成だ）」（『後漢書』馬援伝）と慰められるほどだった。か

光武帝は臣下からこの御苑は王莽が
人民の血と汗で作ったとの報告を受ける。
(『全相三國志平話』より)

この絵からも馬援の眉目秀麗ぶりがよくわかる。
天は彼には二物を与えた。(『三才圖會』より)

くて転身を繰り返すが、最後に光武帝とめぐりあい、後漢王朝の名臣となった。

馬援は文武両道だったが、ことに軍事的才能にすぐれ、数々の戦功を立てた。老いてなお血気盛んだった馬援は、六十二歳のとき、武陵蛮《ぶりょうばん》（湖南省の少数民族）征伐に出陣、風土病にかかって、翌建武二十五年（四九）、病没した。彼がこの征伐に自ら出陣を願いでたとき、光武帝はその老いの身を案じて出撃を許可しなかったが、馬援が強烈に元気さをアピールしたため、「**矍鑠《かくしゃく》たるかな、是《こ》の翁《おう》は**」（『後漢書』馬援伝）と笑い、ついに許可したとされる。

こうした馬援の奮闘もあって、光武帝は敵対勢力や反乱をおさえて、政権基盤を着実に固め、柔道をもって内政の充実につとめる一方、首都洛陽に太学《たいがく》を建てて大勢の学生に儒家思想・儒教を学ばせるなど、文化的なレベルアップをもはかったのだった。

班超の奮闘

前漢・後漢を通じ、漢王朝は北方異民族匈奴《きょうど》の侵攻に悩まされた。武帝（前一四一〜前八七在位）から宣帝《せん》（前七四〜前四九在位）の時代にかけ、前漢は大軍を繰り出して匈奴に打撃を与え、西域《せいいき》諸国を支配下に入れることに成功した。

その後、しばらく平穏な状態がつづくが、王莽《おうもう》の新《しん》王朝（八〜二三）の時代に、またも匈奴が勢いを強め、その支配下に入る西域諸国が続出した。新の滅亡後、劉《りゅう》秀《しゅう》（光武帝《こうぶ》。二五〜五七在位）が即位して後漢王朝を立て、全土を再統一したが、光武帝は内政の充実に力をそそぎ、対外的には消極策をとりつづけた。このため、匈奴はますます勢いづき、後漢第二代の明帝《めい》（五七〜七五在位）のころには、国境地帯まで攻め寄せるまでになる。

慌てた後漢は匈奴の侵攻をくいとめるべく、後漢創業の功臣竇融《とうゆう》の従子《おい》、竇固《とうこ》

(?～八八)を総大将とする遠征軍を派遣した。永平《えいへい》十六年(七三)、竇固は匈奴を痛撃して戦果をあげ、後漢の西域支配の道を開くに至る。

班超《はんちょう》(三二～一〇二)あざな仲升《ちゅうしょう》は、この遠征に加わり、竇固に軍事的能力を認められたのを機に、西域で大活躍した人物である。班超がずば抜けた力を発揮したのは、竇固の指令によって西域諸国の一つ、鄯善《ぜんぜん》(もとの楼蘭《ろうらん》)に使者として赴いたさい、後々まで語り種《ぐさ》となる大事件を主導したときだった。

班超が鄯善に到着してまもなく、匈奴の使者もまた到着し、鄯善の王は掌を返すように班超を粗略に扱うようになった。果断な班超は「**虎穴《こけつ》に入《い》らずんば虎子《こじ》を得ず**」(『後漢書』班超伝)と、連れて来た三十六人の部下を叱咤激励して、匈奴の宿舎を焼き打ちにし、総勢百人をこえる匈奴の使者一行を全滅させた。後漢と匈奴を天秤にかけていた鄯善の王は震えあがって、後漢に忠誠を誓い、これを機に、班超の勇名は西域全土にとどろきわたったのだった。

班超はもともと学者の家の出身であった。父の班彪《はんぴょう》(三～五四)は『史記』をつぐ歴史著述を数十篇あらわし、異母兄の班固《はんこ》(三二～九二)はその遺志をついで前漢一代の歴史を記述した『漢書《かんじょ》』を完成した。

ちなみに『史記』が神話・伝説の時代から前漢の武帝の時代までを記した「通史」であるのに対し、『漢書』は前漢一代の歴史を著した「断代史」であり（記述形式じたいは紀伝体）、一王朝の歴史を記す「正史」の基本的スタイルを作った歴史書である。班固がある事件に連座して投獄され、獄中死した後、妹の班昭《はんしょう》（曹《そう》大家《たいこ》ともいう。四五～一一七）が、『漢書』の未完成部分を書きついだとされる。

班超も当初は兄と同様、貧困のなかで学問に励んだが、「**大丈夫《だいじょうふ》は它《た》に志略《しりゃく》無し、猶《な》お当《まさ》に傅《ふ》介子《かいし》、張騫《ちょうけん》に効《なら》いて功を異域《いいき》に立て、以《もっ》て封侯《ほうこう》を取るべし**（男たる者はほかに志すべきことはない。やはり傅介子〈前漢、元帝の時代の人〉や張騫〈前漢、武帝の時代の人〉にならって、異域において手柄を立て、諸侯の位を獲得するべきだ）」（『後漢書』班超伝）云々と言い、机上の学問を捨て、西域で軍事的才能を発揮することを志すようになった。また、ある人相見がそんな班超の異彩を放つ容貌を見て、「**生まれながらに燕の頷《あご》に虎の頸《くび》、飛んで肉を食らう。此れ万里の侯相《こうしょう》也**（燕のようなあごに虎のような首、これは飛んで肉を食べる人相だ。これぞ万里のかなたで諸侯になる人だ)」(『後漢書』班超伝)と占ったという話もある。

その志は壮とすべきだが、先に出仕していた班固の後押しで、ようやく蘭台令《らんだいれい》史《し》(印章や文書をつかさどる官吏)になったものの、事件に巻きこまれて免官になるなど不遇つづきで、班超はなかなか芽が出なかった。こうして長い雌伏《しふく》のときを経て、永平十六年(七三)、四十二歳のときに、竇固の仮司馬として匈奴征伐に従軍したのを機に、かねての念願どおり、都長安からはるかに離れた西域で、秘めたる才能を開花させた。

班超は西域にとどまること約三十年、永元《えいげん》三年(九一)以後は、後漢の西域経営の総師である西域都護《とご》として、後漢と匈奴の間で揺れる五十以上の西域諸国を後漢に帰属させ、諸国を統轄した。また、永元七年(九五)には、その功績によって定遠侯《ていえんこう》に封じられ、「…功を異域に立て、以て封侯を取るべし」という、若き日の夢を成就させたのだった。

その後、老齢と病気のために望郷の念がつのり、息子を都洛陽にやって、「生きて玉門関《ぎょくもんかん》に入りたい」と帰国を願い出、妹の班昭も皇帝に上書して、兄の帰国

自著の『漢書』を手にしているとおぼしき班固像。(『十八史略新釋』より)

容貌魁偉という表現がぴったりの班超の顔立ち。匈奴と交渉するときの武器にもなった!?(『三才圖會』より)

を切望したため、永元十四年（一〇二）八月、ようやく洛陽に帰ることができた。しかし、班超はすでに深く病み、その一か月後、死去した。時に七十一歳。まさに、西域にかけた生涯だった。

ちなみに、班超が帰国するとき、後任の西域都護の任尚《じんしょう》が助言を求めたところ、班超は、こう言ったとされる。塞外《さいがい》（万里の長城の外）に来る役人や軍人はもともと従順ではなく、罪を犯して辺境に飛ばされた者ばかりだし、異民族は禽獣のような心をもち、扱いにくい。「今　君は性　厳急、**水清ければ大魚《たいぎょ》無し、察政《さっせい》は下《しも》の和を得ず**（あなたは性格が厳格で短気だが、澄んだ水には大魚はいないものだ。きびしい政治手法では下の者とうまくやれないだろう）」（『後漢書』班超伝）。

これを聞いた任尚は、「奇策があるはずだと思ったのに、平々凡々な話だけだった」などと言い放ち、ゆったりと清濁あわせ呑むようにという、経験豊かな班超の忠告に耳を貸さなかったために、数年後、西域で反乱が勃発し、けっきょく職務をまっとうできなかった罪により、罷免される羽目になった。

この後、後漢の西域に対する支配力は衰える一方となり、班超の長期にわたる苦闘も水の泡となってしまった。後漢の西域支配は、鄯善の匈奴殲滅作戦で見せた果断な攻撃力と、「水清ければ大魚無し」という柔軟な包容力をあわせもった異才、班超の存在があったればこそだったことを、如実に示す結末だといえよう。

後漢末の混乱

後漢王朝は、光武帝《こうぶ》（二五～五七在位）、明帝《めい》（五七～七五在位）、章帝《しょう》（七五～八八在位）の三代以降、幼少の皇帝の即位がつづき、なかには、第五代の殤帝《しょう》（一〇五～一〇六在位）のように生後百日余りで即位（翌年死去）する極端な例もあった。

幼い皇帝は自分で政治にたずさわることができず、母（皇太后）およびその一族（外戚）が後見役となり、実権を掌握することになる。皇帝が成長すると、自己権力を確立すべく、目の上のコブの外戚をなんとか排除しようとする。そのとき、皇帝が頼みにしたのは正規の官僚ではなく、宮殿の奥深くに巣くう側近の宦官だった。こうして政治機構の枠外に位置する外戚と宦官が主導権争いを繰り返し、後漢王朝の屋台骨はしだいに傾いてゆく。

かくして二世紀中頃、宦官派（宦官およびこれと結託する悪徳官僚）が主導権をにぎり、賄賂は取り放題、官位を高い値段で売りつけるなど、専横をきわめると、政局はにわかに混乱しはじめる。こうした宦官派の腐敗した金権政治に対して、敢然と異を唱えたのは、良質の儒家《じゅか》思想を体得した「**清流派**《せいりゅうは》」知識人である。

彼らは、全国に広がるネットワークを通じて連帯をつよめ、「清議《せいぎ》」と呼ばれる批判的言論をもってはげしい抵抗運動を展開した。形勢不利とみた宦官派は、延熹《えんき》九年（一六六）と建寧《けんねい》二年（一六九）の二度にわたって「党錮《とうこ》の禁」を断行、清流派知識人の多くを逮捕・処刑し、徹底的に弾圧した。

こうして上層の抵抗を抑え込んだものの、腐敗した政局のもと、社会不安は激化する一方だった。かくして中平《ちゅうへい》元年（一八四）、道教の一派、太平道《たいへいどう》の教祖張角《ちょうかく》が「**蒼天已に死す**《そうてんすでにしす》、**黄天当に立つべし**《こうてんまさにたつべし》（蒼つまり青色は後漢王朝のシンボルカラー、黄色は張角のシンボルカラー）」（『後漢書』皇甫嵩《こうほすう》伝）を合言葉に、武装蜂起し、後漢王朝は存亡の危機に瀕するに至る。

太平道はもともと呪術的な病気治療を旨とする新興宗教だったが、世情不安のおりから、寄るべない民衆の心をとらえ、爆発的な勢いで流行した。意をつよくした張角は数十万の信者を再編成して三十六の方《ほう》（軍管区）に分け、全国各地で蜂起、敢然と後漢王朝に反旗をひるがえした。いわゆる「黄巾《こうきん》の乱」である。「黄巾」とは黄色のターバンを指し、張角の信者たちが戦場において黄色のターバンを頭に巻き、仲間を識別したことに由来する。

黄巾軍の大攻勢に慌てふためいた後漢王朝は、まず「党錮の禁」を解除し、獄中の清流派知識人を釈放した。これは上層知識人階層の反体制派である清流派と、民衆反乱の担い手である黄巾軍が、一致協力することを恐れた緊急措置である。

清流派を容認し、後顧の憂いを断った後漢王朝は、黄巾討伐の正規軍を組織する一方、各地に檄《げき》を飛ばして義勇軍を募り、態勢の強化をはかった。三国志世界第一世代の英雄、曹操《そうそう》（一五五～二二〇）、劉備《りゅうび》（一六一～二二三）、孫堅《そんけん》（一五七?～一九三?　孫策《そんさく》・孫権《そんけん》の父）はいずれもこの黄巾討伐を機に世に出た人々である。

黄巾の乱は討伐軍の奮戦により、なんとか収まったものの、中平六年（一八九）、宦官派の言いなりだった霊《れい》帝（一六七～一八九在位）が死去し、幼い少《しょう》帝が即位すると、後漢王朝を根底から揺るがす大事件が勃発する。まず、少帝の生母何后《かこう》の

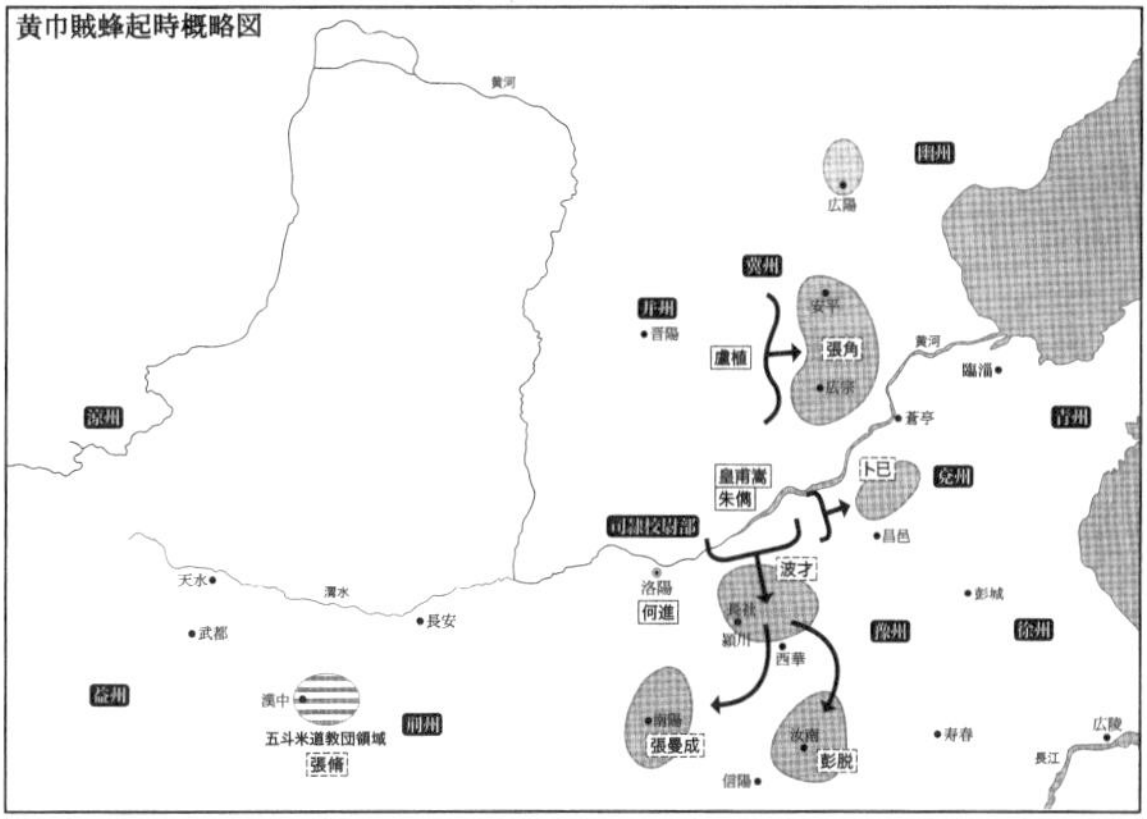

地図上の反乱地域の広大さをみれば、
後漢王朝が平定に手を焼いていたことがよくわかる。

劉備、関羽、張飛も桃園で誓いを立てて決起。
下段には犠牲の牛と白馬がいる。(『花関索伝』より)

兄何進《かしん》は実権をにぎるや、外戚の定石どおり、宦官派を一掃すべく、司隷校尉の袁紹《えんしょう》（?～二〇二）と手を組みクーデタを起こそうと計画、山西省方面に勢力を張る、凶暴な武将董卓《とうたく》（?～一九二）を呼び寄せ、態勢を強化しようとはかった。

この情報を得た曹操は、「**既に其《そ》の罪を治めんとすれば、当《まさ》に元悪《げんあく》を誅すべく、一獄吏にて足れり**（害毒を流す宦官をこらしめようとするなら、張本人を処刑すべきであり、一人の獄吏で充分だ）」（『三国志』武帝紀の裴松之注『魏書』）と、何進の無謀を嘲笑した。しかし、何進は強引に事を運び、けっきょく、董卓の軍勢が到着する前に、曹操の危惧したとおりクーデタ計画は洩れ、先手を打った宦官たちに殺害されてしまう。

このとき、何進の協力者袁紹は判断よく、宮中の混乱に乗じ、軍勢を率いて宮中に乱入、二千人以上の宦官を皆殺しにした。こうして後漢王朝の二つの宿痾《しゅくあ》、外戚と宦官は共倒れとなり、きれいさっぱり消滅した。

しかし、一難去ってまた一難、何進の要請をうけて出動してきた董卓が、精鋭部隊を率い、またたくまに首都洛陽を制圧して、少帝を退位させ、異母弟の献《けん》帝

（一八九〜二二〇在位）を傀儡《かいらい》皇帝として即位させるなど、独裁的な恐怖政治を断行する。以後、董卓の言語を絶する凶暴な専横は初平《しょへい》三年（一九二）、養子の猛将呂《りょ》布《ふ》に殺害されるまで、三年にわたってつづく。この時点で、後漢王朝は実質的に滅亡したといってよい。

袁紹と曹操は、董卓が実権を掌握した時点で、あいついで洛陽を脱出した。四代つづいて「三公《さんこう》」を出した、名門の出である袁紹のもとには、続々とその名望を慕う人々が集まり、根拠地冀《き》州（河北省）の基盤はしだいに固められていった。かたや曹操も、袁紹に比べれば格段に見劣りはするものの、曹仁《そうじん》、夏侯惇《かこうとん》、夏侯《かこう》淵《えん》ら一族を中核とする軍団を結成、陳留《ちんりゅう》（河南省開封市南）付近で旗揚げして、董卓討伐のための挙兵にそなえた。

初平元年（一九〇）正月、曹操が檄を飛ばし、袁紹を盟主とする董卓討伐連合軍が結成された。この動きに警戒をつよめた董卓は、洛陽から長安に遷都を強行、栄華を誇った洛陽は灰燼と化す。討伐連合軍は、袁紹をはじめ諸軍のリーダーに戦闘意欲が欠けていたため、董卓軍との正面対決を回避し、さしたる戦果をあげることができなかった。

かくして、初平三年、董卓が殺されるや、こうして戦力を温存した討伐軍のリーダーたちは、一転して、はげしい主導権争いに突入し、中国全土が群雄割拠の騒乱状態となる。

いよいよ、曹操、袁紹、劉備、孫堅・孫策・孫権父子が、エネルギー全開、力の限りを尽くして戦う「三国志」大乱世の開幕である。

曹操の戦い

曹操《そうそう》あざな孟徳《もうとく》（一五五〜二二〇）は文字どおり文武両道の英雄であった。彼は熹平《きへい》三年（一七四）、二十歳のとき、狭き門の「孝廉《こうれん》」に推挙されて官界に入り、エリート官僚のコースに乗った。こうして教養と学問を武器に世に出た曹操が、軍事家として頭角をあらわしたのは、中平《ちゅうへい》元年（一八四）、黄巾《こうきん》討伐において、騎都尉《きとい》に任ぜられ、後漢の正規軍を率いて出陣、黄巾の主力軍を撃破する戦功をあげたさいだった。以後、曹操は建安《けんあん》二十五年（二二〇）、六十六歳で死去するまで三十数年にわたり、戦いにつぐ戦いに明け暮れた。

黄巾討伐についで、曹操が臨んだ大きな戦いは、初平《しょへい》元年（一九〇）、猛威をふるう董卓《とうたく》を討伐すべく、諸侯連合軍が結成されたときである。このとき、諸侯の多くが怖気づき積極的に戦おうとしなかったのに対し、曹操は果敢に董卓軍に立ち向かったものの、董卓軍と激戦中、流れ矢に当たって負傷、絶体絶命の窮地に陥ってしまう。このとき、従弟の猛将曹洪《そうこう》は、「**天下に洪《こう》無かる可《べ》くも、君無かる可からず**（天下に私がいなくとも差支えありませんが、あなたがいらっしゃらないわけにはゆきません）」（『三国志』曹洪伝）と言い、その捨て身の献身によって救われるという局面もあった。

初平三年、董卓が養子の呂布《りょふ》に殺され、群雄がせめぎあう乱世になると、曹操はじりじりと勢力を拡大、兗州《えんしゅう》（河南省東部から山東省西部にわたる地域）を支配する。しかし、興平《こうへい》元年（一九四）、父を殺された報復を期して、徐《じょ》州に出撃中、呂布が根拠地の兗州に攻め込んでくる。乱戦の渦中、濮陽《ぼくよう》（河南省濮陽県）で大火傷をしながら辛うじて脱出するなど、苦戦のすえ、ようやく呂布を撃退することができた。

建安元年（一九六）、曹操は後漢の献《けん》帝の後見人になり、名分上は他の群雄にまさる地位を獲得するが、現実的には群雄との戦いはますます激烈になる。まず、建安二年（一九七）、宛《えん》（河南省南陽市）に依拠する群雄張繡《ちょうしゅう》の征伐に出撃するが、不覚の惨敗を喫してしまう。ゆだんを突かれた曹操は側近の猛将典韋《てんい》の死を賭した壮絶な奮戦によって、ようやく敵の包囲網を脱出するが、このときも流れ矢に当たって肘を負傷する体たらくだった。

こうしてみると、董卓討伐、呂布との戦い、張繡征伐と、初期の曹操は戦うたびに大けがを負ったことがわかる。これは、曹操が安全圏に身を置くことなく、常にみずから率先して戦場に臨んだことを示す。彼はまさにみずから戦うリーダーだったのである。

それはさておき、徐州の支配者陶謙《とうけん》の死後、徐州を支配した劉備《りゅうび》は、曹操に撃退された呂布を受け入れたために、逆に呂布に追いだされ、曹操のもとに逃げ込む羽目になる。建安三年（一九八）、曹操は呂布に対する攻撃を開始、持久戦のすえ、ようやく呂布を滅ぼすに至る。こうして曹操が転戦をつづけるうち、黄河以北をほぼ勢力下に収めた袁紹《えんしょう》が大軍を率いて、曹操の根拠地許《きょ》（河南省許昌市）に攻撃をかけようとする。華北制覇をめぐり、いよいよ曹操と袁紹の対決である。

この対決は建安五年（二〇〇）、「**官渡《かんと》の戦い**」で勝負がついた。当初、圧倒的劣勢にあった曹操は粘りに粘り対峙すること数か月、軍師荀彧《じゅんいく》に「**此《こ》れ奇策を用うるの時なり、断じて失う可からず**（今こそ奇策を用いる時機であり、断じて逸してはなりません）」（『三国志』荀彧伝）と発破をかけられ、最後に鮮やかな奇襲戦法によって袁紹軍を総崩れに追いこみ、圧勝したのである。しかし、一敗地にまみれたとはいえ、袁紹の勢力にはまだまだ侮りがたいものがあった。

根拠地の鄴《ぎょう》（河北省臨漳県）に逃げ帰った袁紹は建安七年（二〇二）、官渡の戦いの二年後、病死し、その後お家騒動が起こる。この間隙につけこんで、曹操は軍勢を繰りだし、建安九年に袁氏一族の本拠である鄴を陥落させた。名実ともに華北の支配者となった曹操はその後も手をゆるめず、袁氏一族の残存勢力を追撃して滅ぼし、建安十二年（二〇七）、余勢を駆って北中国一帯を制覇するに至る。けっきょく官渡の戦いから数えて、七年がかりの大遠征であった。この時期が、戦う曹操のもっとも輝かしいクライマックスだったといえよう。

勢いづいた曹操は翌建安十三年（二〇八）冬、天下統一をめざし、公称百万の大軍勢を率いて南下を開始する。ここに立ちはだかったのが、呉の孫権《そんけん》とかの劉

中国の切り絵に登場する曹操は
劉備や孫権より貫禄がある。

曹操が漢中に攻め込んだとき、褒水《ほうすい》の流れを
見ながら記したとされる“衮雪”。

備である。ちなみに、劉備はいったん曹操と手を結んだものの、まもなく離反、官渡の戦いの後、怒った曹操に撃破されて南下し、荊州《けい》に身を寄せていたのである。この劉備と孫権が同盟して曹操に立ち向かい、曹操はけっきょく「**赤壁《せきへき》の戦い**」で、孫権の軍師周瑜《しゅうゆ》の率いる二万の呉軍に大敗を喫し追い返されてしまう。曹操の天下統一の野望はここに頓挫したのである。

しかし、立ち直りの早い曹操は、その後もあるいは江南へ、あるいは西方へと出撃を繰り返し、戦いつづける。なかでも、建安十六年（二一一）、西涼《せいりょう》の猛将馬超《ばちょう》との戦いは激越をきわめ、猛将許褚《きょちょ》の獅子《しし》奮迅《ふんじん》のはたらきによって、辛うじて窮地を脱する一幕もあった。また、ようやく馬超を撃破、西方の敵対勢力を駆逐して、建安二十年（二一五）には、漢中《かんちゅう》（陝西省西南部）を制覇するが、その二年後、蜀を領有した劉備が漢中に進攻、建安二十四年（二一九）には、曹操みずから出陣したにもかかわらず、戦況利あらず、やがて漢中など「**鶏肋《けいろく》**（鶏のあばら骨）」にすぎないと撤退、けっきょく漢中は劉備の手に帰した。

翌建安二十五年（二二〇）正月、曹操は洛陽で死去した。時に六十六歳。ここにあげた主要な戦いを見ても、圧倒的強さを誇り連戦連勝したのは、官渡の戦いから北中国制覇にかけての時期だけであり、これ以前は董卓討伐、兗州における呂布との戦い、張繡との戦い等々で、負傷するやら惨敗するやら、さんざんな目に遭っている。また以後も、赤壁の戦いの予期せぬ大敗北、馬超との激戦、劉備との漢中争奪戦の不首尾など、これまた敗北や苦戦をくりかえした。しかし、曹操はけっして落ち込んだり諦めたりすることなく、たちまち態勢を立て直し、不屈の闘志を燃やして戦いつづけた。この打たれ強さこそ、曹操を三国志世界随一の強者に押し上げた原動力にほかならなかったのである。

曹操軍団の勇将たち

曹操《そうそう》、劉備《りゅうび》、孫権《そんけん》の三人のうち、配下に知者、勇者が文字どおりキラ星のようにひしめいていたのは、曹操である。軍師や参謀として荀彧《じゅんいく》、荀攸《じゅんゆう》、郭嘉《かくか》、程昱《ていいく》をはじめ、あまたの逸材が腕をふるったのに対し、戦いに明け暮れた曹操を支えた名将や猛将も数多い。

董卓《とうたく》の乱に遭遇し、曹操が挙兵した当初からつき従い、その軍団の中核となったのは、親類筋の曹仁《そうじん》、曹洪《そうこう》、夏侯惇《かこうとん》、夏侯淵《かこうえん》らである。いずれ劣らぬ猛将ぞろいだが、なかでも曹操の従弟である曹仁（一六八〜二二三）は傑出した存在にほかならない。曹仁は曹操の戦いのほとんどすべてにつき従い、激戦を戦いぬいて、大きな戦果をあげた。

曹仁がその不屈の底力を示したのは、建安《けんあん》十三年（二〇八）冬、赤壁《せきへき》の戦いに敗れた曹操が北方へ帰還した後も、江陵《こうりょう》（湖北省沙市《さし》市）に駐屯し、勢いに乗って攻めたてる周瑜《しゅうゆ》と対戦したときである。まず周瑜軍の先鋒隊数千人が攻め寄せたとき、曹仁は部隊長の牛金《ぎゅうきん》に三百の軍勢を率いて迎え撃たせたが、多勢に無勢、たちまち牛金らは包囲されてしまう。あわやというとき、曹仁は数十騎を率いてみずから包囲網に突入、牛金らを救出し、まだ包囲網から脱出できない兵士がいると見るや、ふたたび包囲網に突入して全員を救いだした。この阿修羅のような姿を見た曹仁軍の将兵は、「**将軍は真《まこと》の天人《てんじん》也**」と感嘆し、鼓舞されて、以後、曹仁に心服し、長期にわたって周瑜軍の猛攻に耐えぬいたのだった。

この十一年後の建安二十四年（二一九）、魏の荊州《けい》の拠点である樊《はん》（湖北省襄樊《じょうはん》市）に駐屯していた曹仁は関羽《かんう》の急襲を受けるが、このときも漢水《かんすい》の氾濫で水浸しになりながら、必死の覚悟で籠城、ひたすら救援を待ちつづけ、ついに粘り勝ちした。危機につよい猛将中の猛将というほかない。

李典《りてん》、楽進《がくしん》、于禁《うきん》、徐晃《じょこう》らも、曹操の挙兵後、早い時期から傘下に入った有能な部将である。経歴は各人各様だが、単独ではなく、手勢（小軍団）を率いて曹操軍団に参加した者がほとんどだ。いずれも大向こう受けする派手さはないが、ここぞというときに、しっかり曹操軍団を支える頼もしい中堅部将として、最後まで活躍しつづけた。もっとも于禁だけは後述のように、もろくも挫折し、ついに有終の美を飾ることができなかった。

典韋《てんい》と許褚《きょちょ》も李典らとほぼ同時期に、曹操軍団の部将となったが、この両者は打って変わり、まことに華々しい猛将としてその名を轟かせた。典韋はもともと夏侯惇配下の一兵卒だったが、曹操にその抜群の武勇と誠実無比の人となりを愛されて身辺護衛にあたり、深く信頼された。しかし、前話で述べたように、典韋は建安二年（一九七）、張繡《ちょうしゅう》征伐のさい、曹操がゆだんを突かれて急襲されたとき、満身創痍になりながら敵を食い止めて、壮絶な戦死を遂げ、早々と退場してしまう。一方、「**虎痴**《こち》（虎のように勇猛だがボーっとしている）」と異名をとる許褚は、後漢末の乱世、一族数千家を集めて塢《お》（砦）を築き自衛していたが、やがて曹操に帰順し、典韋亡き後、曹操の親衛隊長としてすべての戦いに随行し、建安十六年（二一一）、馬超《ばちょう》との戦いで窮地に陥った曹操を救うなど、曹操を守りつづけた。

この典韋と許褚はまさに剛勇無双、超人的武勇の持ち主であると同時に、誠実にして純情、直情径行の武人そのものであり、一種、神話的豪傑のイメージがある。こんな親衛隊長にめぐりあえたのは、曹操の幸運というほかない。

さて、曹操軍団にその人ありと知られる無比の名将、張遼《ちょうりょう》と張郃《ちょうこう》は先述の部将たちとは異なり、大きな転身経験をもつ。すなわち、張遼は呂布《りょふ》配下の部将から、張郃は袁紹《えんしょう》配下の部将から、その能力を高く評価され曹操に帰順した人々なのだ。

関羽の後押しで曹操の部将となった張遼は以後、水を得た魚のように大活躍したが、なかでも、建安二十年（二一五）、曹操軍の江南攻略の拠点である合肥《がっぴ》に、李典、楽進とともに七千の軍勢を率い駐屯していたときの活躍はめざましい。とつじょ十万の大軍を率いた孫権の猛攻を受けたとき、張遼はあらかじめ孫権の攻撃を予期した曹操の「孫権が攻めてきたならば、張遼と李典は城を出て戦え、楽進は城を守れ」という命令書に従い、先制攻撃をしかけることを主張、もともと張遼と仲のわるかった李典も楽進も潔く同調した。

かくて八百の突撃部隊を率いた張遼は夜明けとともに、孫権の大軍に突入し、数十人を斬り殺しながら本陣に迫り、孫権をあわやというところまで追いつめた。この張遼の奮戦に、ふるえあがった江南の人々はその後、子供が泣きやまないとき、「**遼来《りょうらい》、遼来**（張遼が来るよ、張遼が来るよ）」と言うと、それだけで子供が泣きやんだとされる。

張遼は転身経験をふまえながら、その屈折をはねとばし、鮮やかに転生したけれども、曹操子飼いの部将として数々の戦績をあげながら、意外なもろさを露呈した部将もいないわけではない。先述した于禁がそうだ。于禁は建安二十四年（二一九）、関羽の猛攻をうけた曹仁の救援に赴いたものの、自軍の陣営が水没して進退きわまり、関羽に降伏して延命を乞うた。

このとき、もと馬超の部将から曹操に帰順した新参部将の龐徳《ほうとく》は生け捕りにされながら、断固として降伏を拒絶し、処刑されるに至る。後日、このことを知った曹操は、「于禁はわしに三十年もつき従っていたのに、危機に直面するや、なんと龐徳におよばないとは思いもよらなかった」と、ため息をついたという。ちなみに、于禁は曹操の死後、曹丕《そうひ》が即位した黄初《こうしょ》元年（二二〇）、魏《ぎ》に送還された

中国の三国志トランプの特徴は文官優位ということ。
曹仁、曹洪なども出番が少ないようだ。

呉軍 10 万相手に張遼は逍遙津の戦いで大活躍。
孫権をあわやというところまで追いつめた。
(『三國志演義全圖』より)

が、曹丕に辱められ、恥ずかしさのあまり頓死したとされる。なんとも哀れとしかいいようがない。

なかには于禁のような例もあるけれども、総じて曹操配下の部将たちは多士済済、それぞれ活躍の舞台を与えられ、自分の持ち味を発揮して目いっぱい戦い、曹操のために、そして自分自身のために、力をふるいつづけた。こうした層の厚い部将群を擁し、彼らを適材適所に配して、存分にその力を引き出したところに、乱世の英雄曹操の並はずれた烱眼と偉大さがあったといえよう。

劉備の戦い

劉備《りゅうび》（一六一〜二二三）あざな玄徳は、前漢第六代皇帝、景帝《けい》（前一五七〜前一四一在位）の子、中山王劉勝《ちゅうざんおうりゅうしょう》の子孫だとされるが、彼が生まれたころには涿県《たく》（河北省涿州市）の生家はすっかり没落し、幼くして父を亡くした劉備は極貧のなかで成長した。しかし、若いころから、人を引きつける不思議な魅力があり、郷里の若者の間で人気があったという。

中平《ちゅうへい》元年（一八四）、黄巾《こうきん》の乱が勃発したころ、劉備は関羽《かんう》と張飛《ちょうひ》という、とてつもない二人の豪傑とめぐりあう。やがて彼ら三人は付近の若者を集めて旗揚げすると、後漢王朝の黄巾討伐義勇軍の募集に応じ、乱世に乗り出してゆく。寄せ集めのオンボロ軍団を率いた劉備は、最初の戦いの黄巾討伐において、そこそこの手柄を立て、安喜《あんき》県（河北省定州市東南）の尉《い》（警察署長）に任命されるが、まもなくこの官職を放棄し、関羽・張飛ともども逃亡するに至る。劉備が、視察にやって来た督郵《とくゆう》（上級機関である郡長官の属官）の不遜な態度に激怒し、督郵を半殺しにしたのである。『三国志演義』では、督郵を半殺しにした役割を張飛にふりかえているが、実際の劉備は凄味のきいた人物だったとおぼしい。

その後、劉備は転変を経て、幽《ゆう》州（河北省）を根拠地とする旧知の公孫瓚《こうそんさん》と手を組み、その推薦で平原《へいげん》（山東省平原県一帯）の相《しょう》（長官）にとりたてられる。興平《こうへい》元年（一九四）、徐《じょ》州（山東省から江蘇省にわたる地域）を支配する陶謙《とうけん》の配下に父を殺され激怒した曹操《そうそう》が徐州に猛攻をかけ、陶謙は劉備らに救援を要請し、劉備は軍団を率いて徐州に向かった。

曹操は、呂布《りょふ》（?～一九八）が根拠地の兗《えん》州（河南省東南から山東省西部にわたる地域）に攻め込んできたため、まもなく撤退するが、重病にかかった陶謙は劉備を見こんで、徐州の支配権を譲ろうとする。しかし、劉備は頑として承知せず、やはり徐州救援に来ていた北海《ほっかい》の相、孔融《こうゆう》に「**天の与《あた》うるに取らざれば、悔《く》ゆるも追う可《べ》からず**（天が与えた機会なのに取らなかったならば、後悔しても追いつきませんぞ）」

（『三国志』先主伝）とたしなめられ、ようやく承知した。こうして劉備は徐州を領有し、群雄の一人となるが、それも長続きはしなかった。曹操に撃破され、徐州に逃げ込んで来た猛将呂布をうかうか受け入れたために、徐州から追い出され、またも流転の身となるのである。

進退きわまった劉備は曹操のもとに逃げ込むが、曹操も弱小群雄の張繡《ちょうしゅう》に手こずるなど、多事多難であり、ようやく徐州に総攻撃をかけて手ごわい呂布を討ち取ったのは、建安《けんあん》三年（一九八）末のことだった。呂布滅亡後、劉備主従はいったん曹操とともにその根拠地許《きょ》（河南省許昌市）にもどる。曹操は劉備を手厚く遇し、「**今　天下の英雄は唯《た》だ使君《しくん》と操のみ**」（『三国志』先主伝）と言うほどだった。しかし、劉備はこの翌年、許を離れて徐州にもどり、曹操が任命した徐州刺史《しし》の車冑《しゃちゅう》を殺害して自立する。曹操はこの恩を仇で返すやり口に激怒して、やがて劉備に猛攻をかけて撃破、劉備は妻も臣下も見捨てて、単身、袁紹《えんしょう》のもとに逃げ込む始末だった。とり残された関羽がやむなく曹操に降伏したのはこのときのことである。ともあれ、これを境に、曹操と劉備は不倶戴天の仇敵となった。

劉備はまもなく袁紹のもとを離れて汝南《じょなん》（河南省平輿県北）に向かい、曹操のもとから脱出した関羽、および徐州陥落後、行方をくらましていた（『三国志演義』では山賊になっていたとする）張飛、さらに、かねて劉備に心酔していた趙雲《ちょううん》（?～二二九）と合流する。劉備は変転する状況のなかで、公孫瓚を手はじめに、曹操、袁紹と実力者の間を渡り歩き、なんとか生きのびてきた。しかし、頼もしい配下と再会し、態勢を立て直した直後、劉備を決定的に追いつめる事態が発生する。建安五年（二〇〇）十月、官渡《かんと》の戦いで袁紹に打ち勝ち、華北の覇者となった曹操が、翌年、汝南で勢力を拡大しはじめた劉備を撃破、曹操の天下となった華北から弾きだされた劉備主従は、荊州《けいしゅう》（湖北省）の支配者劉表《りゅうひょう》に身を寄せる羽目となる。ここまでの劉備は、まさに負けつづけの人生だったと言っても過言ではない。

負け癖のついた劉備の大きな転機になったのは、「**臥龍**《がりょう》」と称される荊州の逸材諸葛亮《しょかつりょう》（一八一～二三四）との出会いだった。荊州で鳴かず飛ばずの数年が経過した後の建安十二年（二〇七）、（『三国志演義』では十三年）、劉備は、「**三顧**《さんこ》**の礼**」を

英雄論の最中、雷鳴におののく玄徳を郭嘉や程昱が疑い深そうに観察している。（葛飾北斎画）

「三顧の礼」を図案化した中国切手。雪が降っているところから二度目であると推測できる。

尽くして諸葛亮と対面し、その熱意に心を動かされた諸葛亮は自説の「**天下**《てんか》**三分**《さんぶん》**の計**」を披瀝し、ついに劉備の軍師となった。こうしてようやく展望が開けたものの、翌建安十三年（二〇八）、劉備主従は絶体絶命の危機に見舞われる。北中国を制覇した曹操が公称百万の軍勢を率いて南下、荊州に押し寄せて来たのだ。逃避行の途中、曹操の精鋭軍の猛追撃を受けた劉備主従は長坂《ちょうはん》で追いつかれたものの、張飛、趙雲の獅子《しし》奮迅《ふんじん》の活躍で血路を開いて逃げのびた。この時点で、呉《ご》の孫権《そんけん》のブレーン魯粛《ろしゅく》とめぐりあい、諸葛亮が呉に乗りこんで、孫権と対曹操同盟を結ぶことに成功する。

かくして建安十三年（二〇八）末、「**赤壁**《せきへき》**の戦い**」において、周瑜《しゅうゆ》の率いるわずか二万の呉軍が曹操の大軍を撃破、曹操の江南制覇の野望を打ち砕いた。同盟したとはいえ、劉備側はこの赤壁の戦いにはまったく関与しておらず、諸葛亮が辣腕の軍師ぶりを発揮したのはこの戦い以降である。諸葛亮は周瑜と虚々実々の駆け引きのあげく、荊州西南部の四郡をまたたくまに劉備に実力支配させ、周瑜が病死した翌年の建安十六年（二一一）、より確たる根拠地を得るべく、劉備に荊州を足場とし蜀《しょく》（四川省）に攻め込ませた。劉備の蜀攻略は難航したが、三年がかりで建安十九年（二一四）、ついに蜀の支配者劉璋《りゅうしょう》を追いつめ、蜀の領有に成功した。負けつづけだった劉備は、ここにようやく逆転大勝利することができたのだった。

上昇気流に乗った劉備は、五年後の建安二十四年（二一九）、漢中《かんちゅう》（陝西省西南部）争奪戦で曹操軍を圧倒、撤退に追いこみ、漢中をも手に入れた。翌建安二十五年正月、曹操が死去、その九か月後に、息子の曹丕《そうひ》が後漢王朝を滅ぼして魏《ぎ》王朝を立てると、諸葛亮はこれに対抗して、翌黄初《こうしょ》二年（二二一）、蜀王朝を立て、劉備を即位させた。まさに名軍師諸葛亮の大活躍である。しかし、劉備はようやく我がものとした帝位に、安閑とおさまっていることができなかった。義弟の関羽が、蜀王朝成立の二年前の建安二十四年、曹操と手を組んだ孫権に殺害されたことに対する憤激を抑えることができなかったのだ。

かくして、劉備は即位の二か月後、趙雲ら重臣の反対を押し切り、関羽の報復を期して呉に出撃する。だが、もう一人の義弟張飛も出撃直前に暗殺されるなど、出だしから波乱含みであり、けっきょく呉の陸遜《りくそん》（一八三〜二四五）にさんざん打ち破られ、翌年、命からがら白帝城《はくていじょう》（四川省奉節県）に逃げ込み、まもなく諸葛亮に不肖の息子劉禅《りゅうぜん》を託して絶命するに至る。負けの劉備らしい最期であった。

劉備は皇帝になったことよりも、苦楽を共にした関羽や張飛との関係性を何より重視し、委細かまわず呉に攻め込んだ。そんな彼の姿には、旗あげ当初の荒々しい無頼のリーダーに立ちもどった感がある。劉備はまさしく満身創痍、傷だらけの英雄だったといえよう。

諸葛亮と劉備軍団の猛将たち

劉備《りゅうび》配下の猛将としてその名をとどろかせるのは、周知のごとく、関羽《かんう》（?～二一九）、張飛《ちょうひ》（?～二二一）、趙雲《ちょううん》（?～二二九）の三人である。このうち、関羽はあざなを雲長《うんちょう》といい、河東《かとう》郡解《かい》県（山西省臨猗《りんい》県）の出身だが、事件を起こして出奔し、劉備と張飛の故郷涿《たく》県（河北省涿州市）で、彼らとめぐりあった。一方、張飛はあざなを益徳《えきとく》（『三国志演義』では翼徳《よくとく》）といい、『春秋左氏《しゅんじゅうさし》伝《でん》』に精通するなど、知的側面をもつ関羽とは対照的に、力と情に生きる任侠無頼の荒くれ者だった。

北方の片田舎涿県で、この稀代の豪傑関羽と張飛が漢王朝の末裔と称する劉備と出会って、義兄弟の契りを結び、中平《ちゅうへい》元年（一八四）、「黄巾《こうきん》の乱」が勃発したころ、付近の無頼の徒を集めて軍団を結成、後漢王朝の義勇軍となり、乱世のただなかに乗り出してゆく。以後、彼ら三人は、「**同年同月同日に生まるるを求め**

ず、**但《た》だ同年同月同日に死せんことを願う**」(『三国志演義』第一回)と、生涯にわたって無比の信頼関係を堅持した。

もう一人の猛将趙雲はあざなを子龍《しりゅう》といい、常山《じょうざん》郡真定《しんてい》県(河北省正定《せいてい》県)の出身。群雄の一人公孫瓚《こうそんさん》配下の部将だった初平《しょへい》二年(一九一)ごろ、公孫瓚に身を寄せた劉備とめぐりあい心酔するが、趙雲が念願かない劉備の部将になったのは、けっきょく公孫瓚が敗死した二年後の建安《けんあん》六年(二〇一)のことだった。このとき、劉備・関羽・張飛はそれぞれ転変をへて、ようやく汝南《じょなん》(河南省)で再会したばかりであり、そこに趙雲も加わったのである。趙雲が劉備の部将になった時期は、関羽や張飛に比べるとたしかに相当遅いけれども、以後、趙雲は建安十九年(二一四)、劉備が蜀《しょく》を領有するまで十有余年、劉備と苦労をともにしており、その意味では、趙雲は関羽や張飛と同様、劉備軍団生え抜きの部将といえる。

関羽・張飛・趙雲と頼もしい配下はそろったものの、まもなく劉備は曹操《そうそう》に撃破されて華北に居場所がなくなり、一行は荊《けい》州(湖北省)の支配者劉表《りゅうひょう》のもとに逃げ込む羽目になる。かくして六年後の建安十二年(二〇七)、じり貧状態にあっ

涿県から南西へ200キロ、
趙雲の故郷常山(石家荘市正定県)にある趙雲廟。
蜀の重臣も祀られている。

劉備と諸葛亮の関係をまるで恋人同士と皮肉る関羽と張飛に対し劉備の返答は…。(横山光輝著『三国志』より)

た劉備は、「**臥龍**《がりょう》」と呼ばれる諸葛亮《しょかつりょう》（一八一〜二三四）あざな孔明《こうめい》の存在を知り、「**三顧**《さんこ》**の礼**」を尽くして軍師に迎えた。しかし、劉備があまりに諸葛亮を厚遇するので、関羽と張飛は機嫌をそこねてしまうが、劉備は、「**孤**《こ》**の孔明有るは猶**《な》**お魚の水有るがごとし**」（『三国志』諸葛亮伝）と言い、二人をなだめた。いわゆる「**水**《すい》**魚**《ぎょ》**の交わり**」である。劉備に説得された関羽と張飛はたちまち納得し、やがて軍師諸葛亮の有能さを目の当たりにすると、深く信頼するようになる。

こうして、猛将関羽・張飛・趙雲に、とびきり優秀な軍師諸葛亮が加わり、劉備に展望が開けるかに見えたものの、まもなく曹操が公称百万の軍勢を率いて南下、劉備主従は絶体絶命の危機に見舞われる。張飛と趙雲の獅子《しし》奮迅《ふんじん》の活躍によって、曹操軍の追撃をかわし、諸葛亮の弁舌によって呉《ご》の孫権《そんけん》と同盟を結び、孫権の軍師周瑜《しゅうゆ》が奇襲戦法によって「**赤壁**《せきへき》**の戦い**」に勝利、曹操を返り討ちにした後が、諸葛亮の正念場だった。諸葛亮はまず、周瑜が江陵《こうりょう》（湖北省沙市《さし》市）を死守する曹操の将曹仁《そうじん》と一年余りも激戦を繰り返している隙に、関羽、張飛、趙雲らを差し向け、荊州南西部の武陵《ぶりょう》、長沙《ちょうさ》、桂陽《けいよう》、零陵《れいりょう》の四郡を制圧した。このとき、果敢な老将黄忠《こうちゅう》（?～二二〇）と、性格的に問題はあるが、有能な魏延《ぎえん》（?～二三四）が降伏し、劉備の傘下に入ったのも大きな収穫だった。

しかし、曹操との激戦の間、成りゆきを静観していた劉備・諸葛亮がこうして漁夫の利を占めたことを、周瑜が黙過するわけがなく、諸葛亮と火花を散らす頭脳戦が繰り広げられるが、そのさなかの建安十五年（二一〇）、周瑜は無念の病死を遂げ、事態は劉備・諸葛亮に有利となる。周瑜の後任の軍事責任者となった魯粛《ろしゅく》はもともと親劉備派であり、おかげで劉備・諸葛亮は荊州に拠点を確保することができたのである。

かくて、建安十六年（二一一）、劉備は軍勢を率いて蜀に入る。もっとも、この時点では、諸葛亮をはじめ、関羽、張飛、趙雲らの主力部将は荊州に残留しており、関羽を荊州の抑えとして残し、彼らがこぞって蜀攻略に向かったのは、この三年後、劉備が苦戦のあげく、首都の成都を包囲した時である。この最終段階において、かつて曹操をあわやというところまで追いつめた西涼《せいりょう》の猛将、馬超《ばちょう》（一七六～二二二）も劉備傘下に加わり、蜀の支配者劉璋《りゅうしょう》は戦わずして降伏する。こうして劉備はついに念願の確固たる根拠地蜀を手に入れることに成功した。すべて寸土《すんど》も持たない劉備のために知恵の限りを尽くした諸葛亮の力である。

以後、建安二十四年（二一九）、漢中《かんちゅう》（陝西省西南部）争奪戦で曹操軍を撤退させるまでの五年が、不遇つづきだった劉備主従の輝かしいクライマックスだった。

同年暮れ、荊州で睨みをきかせていた関羽が曹仁と対戦中、曹操軍と孫権軍の挟み撃ちにされ、「**竹は焚《や》く可《べ》くも、其《そ》の節《せつ》を毀《こぼ》つ可からず**（竹は焼けてもその節を壊さないものだ）」（『三国志演義』第七十六回）と降伏を拒否、孫権に殺されると、暗雲が漂いはじめる。黄初《こうしょ》元年（二二〇）、曹操の死の九か月後、息子の曹丕《そうひ》が後漢を滅ぼして魏《ぎ》王朝を立てるや、諸葛亮はこれに対抗して、翌黄初二年（二二一）、蜀王朝を立て、劉備を即位させるが、まもなく劉備は関羽の報復のために、無謀にも呉に出撃する。しかし、劉備は大敗を喫したあげく、この翌年、死去してしまう。張飛は呉出撃の直前、すでに部下に暗殺されており、こうして劉備・関羽・張飛の三人は、生死をともにするという当初の誓いをまっとうしたのだった。まさに任俠の論理である。

劉備から愚かな後継者劉禅《りゅうぜん》を託された諸葛亮は蜀の国家基盤を固めると、蜀の建興《けんこう》五年（二二七）、宿願の魏征伐（北伐）を開始する。しかし、このとき、関羽、張飛、馬超、黄忠ら頼みがいのある主力部将はすべて他界し、唯一、生き残った趙雲はこの第一次北伐でベテラン老将の底力を発揮したものの、その二年後に病死してしまう。こうして誰もいなくなった後、建興十二年（二三四）、第五次（第六次ともいう）北伐のさなかで死去するまで、諸葛亮は第一世代に比べれば、はるかに遜色のある部将を指揮しながら、粘り強く魏に挑戦しつづけた。そんな諸葛亮の姿は、愛すべきリーダー劉備をはじめ、計算を度外視し、力の限り戦いつづけた猛将たちの弔い合戦を敢行しつづけているようにも見える。

孫堅・孫策・孫権の戦い

孫堅《そんけん》（一五七？〜一九三？）あざな文台《ぶんだい》は、呉《ご》郡富春《ふしゅん》県（浙江《せっこう》省富陽県）の小豪族の出身だが、少年のころから、海賊退治で勇名を馳せるなど度胸満点、腕っぷしも抜群だった。政情不安のおりから、腕と度胸を買われた孫堅は故郷の地方役人に採用され、呼びかけに応じて集まった千人余りの荒くれ軍団を率いて、反乱を制圧するなど勇名をとどろかせた。

中平《ちゅうへい》元年（一八四）、黄巾《こうきん》の乱が勃発すると、孫堅は朝廷のお召しに応じ、荒くれ軍団を率いて駆けつけ大奮戦した。そんな孫堅と荒くれ軍団の中核を成す程《てい》普《ふ》・黄蓋《こうがい》・韓当《かんとう》は、死生をともにする固い信頼関係によって結ばれていた。孫堅自身も剛勇無双だが、腕に覚えのある無頼の荒くれ者から成る孫堅軍団の強さは並はずれていた。親分の孫堅が率先して城壁を乗り越え、黄巾軍に占領された町に突入するや、つづいて荒くれ軍団が猛攻を加えるという具合で、向かうところ敵なしだった。この戦功により、やがて反乱軍の蜂起で騒乱状態にあった長沙《ちょうさ》郡（湖南省）の太守に任ぜられ、赴任してまもなく反乱軍を撃破、長沙を制圧した。

中平六年（一八九）、都洛陽を制覇して猛威をふるった董卓《とうたく》の乱が起こり、翌初《しょ》平《へい》元年（一九〇）、群雄が義勇軍を組織して討伐に立ちあがると、孫堅も軍団を率いて進軍、これに加わり奮戦した。初平二年（一九一）、董卓が洛陽に火を放って長安への遷都を強行したとき、孫堅は群雄の先頭を切って洛陽に乗りこみ、思わぬ拾い物をする。董卓の乱の渦中で紛失した「**伝国《でんこく》の玉璽《ぎょくじ》**（秦《しん》の始《し》皇帝以来、代々伝えられた天子の印）」を入手したのである。

玉璽を手に入れた孫堅は、この情報を耳にした董卓討伐連合軍の盟主袁紹《えんしょう》の執拗な追及を振り切り、即刻、軍勢を撤退させた。しかし、まもなく群雄の一人で、何かと因縁の深い袁術《えんじゅつ》の指示によって荊《けい》州（湖北省）に攻め寄せ、支配者劉表《りゅうひょう》の部将と対戦中、不慮の死を遂げた。なお、孫堅の没年については初平二年（一九一）、三年、四年など諸説があり、一定しない。

孫堅が死んだとき、長男の孫策《そんさく》（一七五〜二〇〇）あざな伯符《はくふ》は、まだ十代の少年だった。初平元年、孫堅が董卓討伐に出陣すると、孫策は母や弟を連れて舒《じょ》（安徽省廬江《ろこう》県西南）に移住、ここで生涯の盟友周瑜《しゅうゆ》と出会う。孫策一家はまもなく舒を去り、移住を繰り返すが、孫策と周瑜が少年時代に育んだ友情は、やがて大きな実を結ぶ。興平《こうへい》元年（一九四）、二十歳になったとき、孫策は袁術の拠点寿《じゅ》春《しゅん》（安徽省寿県）に赴き、袁術の傘下に入ることを条件に、父の死後、あずけてあった父の軍団を返してもらう。ちなみに、このとき交換条件として父孫堅が拾得した伝国の玉璽を袁術に差し出したという説もある。

ともあれ軍団は取り返したものの、まもなく孫策は狡猾な袁術に愛想をつかし、江東《こうとう》平定を口実に袁術と交渉し、出撃する態勢をととのえる。かくて、父譲りの軍団、袁術から借り受けた軍勢、および孫策を慕ってつき従う者などを合わせ、総勢五、六千の軍勢を率いて、長江北岸の歴陽《れきよう》（安徽省和県）まで来たとき、孫策の挙兵を知った周瑜が手勢を引き連れて駆けつける。周瑜と再会した孫策は、「**吾《わ》れ卿《けい》を得て諧《かな》う也**（きみを得て、私の思いはかなった）」（『三国志』周瑜伝）と大喜び

洛陽に一番乗りした孫堅は運よく古井戸から
伝国の玉璽を手に入れる。（葛飾北斎画）

江東を領することになった孫権。居並ぶ勇将は
兄孫策時代からの人々だ。（『三國志演義全圖』より）

したのだった。

以後、孫策と周瑜は快進撃をつづけ、わずか二、三年のうちに江東制覇を成し遂げる。孫策は父孫堅譲りの典型的な攻撃型の武将だが、非常に冷静な一面を併せ持っていた。戦乱を避けて江東に移住していた知識人の張昭《ちょうしょう》や張紘《ちょうこう》を辞を低くして迎え、誕生したばかりの孫策政権の中枢に据えたのも、そんな彼の卓越した政治センスのあらわれである。

　こうして当面の目標を達成し、さらなる飛翔をめざす段階まで来たとき、孫策は刺客に襲われて瀕死の重傷を負い、「**江東の衆を挙げて、機を両陣の間に決し、天下と争衡《そうこう》するは、卿《けい》、我《わ》れに如《し》かず。賢を挙げて能を任じ、各《おの》おのをして其《そ》の心を尽くさしめて以《もっ》て江東を保つこと、我れ卿に如かず**（江東の軍勢を挙げて、戦場でのるかそるか勝負をし、天下分け目の戦いをすることにかけては、おまえは私にかなわない。しかし、賢明な人物や有能な人材を任用し、それぞれに心を尽くさせて、江東の地を守りぬくことにかけては、私はおまえにかなわない）」（『三国志』孫策伝）と遺言し、弟の孫権《そんけん》（一八二～二五二）に後事を託して死去するに至る。時に建安《けんあん》五年（二〇〇）、孫策はまだ二十六歳だった。

　孫権には、孫策が看破したように天才的な閃きはなく、父や兄のもつ目の覚めるような個人的攻撃力もなかった。しかし、その反面、人の意見をよく聞き、バランス感覚も抜群だった。また、容貌も「**紫髯碧眼**《しぜんへきがん》」、つまり目が青くヒゲは紫色であり、威圧感があった。彼は兄のブレーンだった張昭を師傅《しふ》（助言役）として礼遇し、周瑜および父の代からの宿将程普を軍の指揮官に任じるなど、先代から受けついだ大切な人材を適材適所に配する一方、諸葛亮《しょかつりょう》の兄諸葛瑾《きん》や魯粛《ろしゅく》など、すぐれた人物を招いてブレーンの層を厚くした。

　こうして孫権は政権の基盤を確立し、部将を各地に派遣してじりじり支配領域を広げていったうえで、建安十三年（二〇八）、周瑜や魯粛の進言によって曹操《そうそう》との決戦に踏み切り、「赤壁《せきへき》の戦い」において、奇跡的大勝利をおさめるに至った。これ以後も、荊州の領有権をめぐって劉備や諸葛亮としぶとく渡り合い、江東の呉政権をしっかり保持しつづけた。さらにまた、曹氏の魏《ぎ》と劉氏の蜀《しょく》のキャスティングボートを握って、巧妙に身を処し、魏の太和《たいわ》三年（二二九）、ついに三国の一つ呉王朝を立て、皇帝（大帝）になった。まさに、孫策の予言どおり、孫権は粘り強く江東の孫氏政権を保持し、発展させたのである。

しかし、長命を保った孫権は晩年、権力欲の強い娘の魯班《ろはん》（全《ぜん》公主）に振りまわされて、お家騒動を招来するなど、著しく衰えた。全速力で駆け抜け、絶頂で燃え尽きた父の孫堅や兄の孫策に比べれば、残念ながら、孫権は総じて、人を引きつける圧倒的な迫力や魅力に欠けていたとしかいいようがない。

孫氏軍団の勇将たち

呉《ご》の孫氏政権は、孫堅《そんけん》（一五七？～一九三？）・孫策《そんさく》（一七五～二〇〇）・孫権《そんけん》（一八二～二五二）の父子三代にわたって築き上げられた。後漢末の群雄の一人だった孫堅が不慮の死を遂げた後、若くして後を継いだ長男の孫策は天才的な軍事家であり、興平《こうへい》元年（一九四）、挙兵するや、わずか二、三年のうちに、江東《こうとう》制覇を成し遂げた。この快挙は、孫策の同い年の幼馴染みで、攻撃精神あふれる有能な軍師、周瑜《しゅうゆ》（一七五～二一〇）の奮闘によるところ大であった。建安《けんあん》五年（二〇〇）、孫策が刺客に襲われ、二十六歳で死去した後、周瑜は率先して自分より七つも年下の孫権をもりたて、孫氏政権の維持、強化につとめる。

孫権を戴く呉の軍事総責任者としての周瑜の最大の功績は、何といっても、建安十三年（二〇八）冬、劉備《りゅうび》・諸葛亮《しょかつりょう》と同盟し、「赤壁《せきへき》の戦い」において、わずか二万の呉軍を率い、公称百万の曹操《そうそう》の大軍勢をこっぱみじんに撃破して、曹操の南下を食い止めたことである。

このとき、周瑜は、「**操は名を漢相《かんしょう》に託すと雖《いえど》も、其《そ》の実漢賊《かんぞく》なり**（曹操は漢王朝の丞相の名を楯にしているが、実際には漢に仇なす逆賊だ）」（『三国志』周瑜伝）と口火を切り、滔々と主戦論を展開して張昭《ちょうしょう》らの降伏派を論破し、孫権を後押しして決戦に踏み切らせた。かくて、孫堅以来の宿将である程普《ていふ》・黄蓋《こうがい》・韓当《かんとう》を存分に活躍させ、曹操の大軍に挑戦したのだった。三人の宿将のうち、ことに黄蓋の活躍はすばらしく、周瑜と綿密に計画を練って曹操に偽装降伏し、劇的な火攻めをかけて、曹操の大軍に殲滅的な打撃を与えた。

しかし、周瑜がこうして曹操軍を撃退した直後から、それまで成りゆきをうかがっていた劉備・諸葛亮が動きだし、荊《けい》州（湖北省）の領有をめぐって、周瑜と諸葛亮の間で火花を散らす頭脳戦が展開されることになる。そのさなかの建安十五年（二一〇）、周瑜は病魔に襲われて死去した。時に三十六歳。まさに無念の夭折というほかない。死に臨んだ周瑜は孫権に遺書をとどけ、自分の後任の軍事総責任者として魯粛《ろしゅく》を推薦した。

後任の呉軍事責任者となった魯粛（一七二～二一七）は、もともと大資産家の御曹司だが、任俠肌の気風のいい人物であり、周瑜ともかねて親交があった。もっとも、彼らの人となりは、周瑜が攻撃的で激しやすいのに対し、魯粛は常に大らかという具合に、対照的であった。ちなみに、魯粛は当初、周瑜に推挙されて孫権のブレーンになったが、初対面のときから孫権と気が合って深く信頼され、赤壁の戦いに先立って、諸葛亮を孫権に引き合わせ、孫権・劉備が同盟して曹操に当たるようお膳立てするなど、重要な役割を果たした。だから、劉備・諸葛亮側と孫権・周瑜の呉側でもつれにもつれた荊州問題も、シビアな周瑜が前面に出ていた間、呉側は非妥協的な対決路線をつらぬいたが、魯粛が後任になったとたん、穏やかな調整路線に転換し、けっきょく劉備側が実力で奪取した荊州南西部を、呉が貸与するという形で決着した。

聡明な周瑜は、劉備・諸葛亮に好意的な魯粛が後任になれば、荊州問題がこうした形で決着することを予測しながら、それが自分の死後、呉にとっても無理のない選択だと判断したに相違ない。周瑜の読みどおり、魯粛の在任中、劉備側と孫権側はまずは穏やかな関係を保った。建安十九年（二一四）、劉備が蜀《しょく》を領有し、関羽《かんう》を蜀の荊州軍事責任者として荊州に残し、諸葛亮をはじめ主だった配下がすべて蜀に移った後も基本的に変わらず、呉と蜀の対立が激化することはなかった。しかし、魯粛が三年後の建安二十二年（二一七）、病没し、呂蒙《りょもう》（一七八～二一九）が後任の呉軍事責任者になると、状況は一変する。

呂蒙は少年のころから、孫策さらには孫権が展開した数々の戦いに参加、しだいに頭角をあらわし、孫権にたいへん愛された。ただ、戦いに明け暮れる日々を送ったために教養がなく、「**呉下《ごか》の阿蒙《あもう》**（呉の町の蒙ちゃん）」と呼ばれていた。「蒙」には無知の意もあり、この「阿蒙」というあだなには、「おバカさん」というニュアンスも含まれる。しかし、その後、呂蒙は孫権に学問教養を身につけるよう勧められ、一念発起して読書に励み、文武両道の勇将となった。ちなみに、魯粛は呉の軍事責任者となった直後、呂蒙と再会し、その成長ぶりを目の当たりにして、「**吾《わ》れ謂《おもえら》く、大弟は但《た》だ武略有るのみと。今に至らば、学識英博、復《ま》た**

横山光輝「三国志」では周瑜は年少紅顔の切れ者(右)、魯粛はお人好しの好人物として描かれている。

呂蒙は関羽との関係において、 荊州襄陽で重要な役割を演じたことは間違いない。(『三國志演義全圖』より)

呉下の阿蒙に非《あら》ず（私はあなたが武略一点ばりだと思っていたが、呉の町にいたころの阿蒙ではないな）」（『三国志』呂蒙伝の裴松之注『江表伝』）と驚嘆したとされる。

　この呂蒙の劉備・諸葛亮に対する姿勢は、魯粛とは異なり周瑜に近く、シビアな対決路線を旨とするものだった。このため、孫権・呂蒙と荊州に残留する関羽との関係は悪化の一途をたどる。そんなおりしも、建安二十四年（二一九）、関羽が北上して曹仁《そうじん》の守備する曹操側の荊州北部の拠点、樊《はん》（湖北省襄樊《じょうはん》市）に猛攻をかけた。このとき、孫権は一転して曹操と手を組み、曹操軍と孫権軍が関羽を挟み撃ちにして敗走させ、けっきょく孫権が関羽を捕らえ殺害にするに至った。この関羽敗死に至るまで、いわゆる「**呂蒙の計**」によって、関羽の荊州の拠点を奪取するなど、呂蒙は重要な役割を果たしたのだった。

　しかし、呂蒙はこの直後、病死し、呉の有力な土着豪族出身の陸遜《りくそん》（一八三〜二四五）が後任の軍事責任者となる。なお、呂蒙の死について、『三国志演義』は、関羽の怨霊が乗り移ったとし、はなばなしい脚色を施している。陸遜は有能な軍事家であり、魏《ぎ》の黄初《こうしょ》三年（二二二）、関羽の報復を期して呉に攻め込んで来た劉備を撃破、返り討ちにしたのをはじめ、数々の戦績をあげた。この陸遜の息子が呉の最終局面で、魏の羊祜《ようこ》と対峙し、敵味方を超えた信頼関係を結んだことで名高い陸抗《りくこう》（二二六〜二七四）にほかならない。

孫氏の呉は、こうして切れ目なく、周瑜、魯粛、呂蒙、陸遜、陸抗と、タイプこそ異なるものの、それぞれ有能な軍事責任者を得たことによって、発展し存続しえたといえよう。部将たちもまた、先述した孫氏三代の宿将、程普、黄蓋、韓当をはじめ、孫策との一騎打ちで知られる太史慈《たいしじ》（一六六〜二〇六）、川賊《せんぞく》あがりの甘寧《かんねい》（生没年不詳）等々の猛将が居並び、江東の孫氏政権の侮《あなど》りがたい底力を示している。

三国の終幕

魏《ぎ》・蜀《しょく》・呉《ご》の三国は、時の経過とともに衰退するが、まず混乱したのは曹操《そうそう》の子孫が立てた魏王朝だった。魏では、諸葛亮《しょかつりょう》のライバル司馬懿《しばい》（一七九～二五一）が強大な軍事権を握り、景初《けいしょ》三年（二三九）、魏の第二代皇帝明帝曹叡《そうえい》の死後、幼い斉《せい》王曹芳《そうほう》（二三九～二五四在位）が即位すると、曹爽《そうそう》（?～二四九。司馬懿のかつての上司曹真《そうしん》の息子）とともに輔佐役となる。しかし、しだいに曹爽との権力闘争が激化したあげく、曹爽一派に排除されてしまう。しぶとい司馬懿は老化したふりをして曹爽をゆだんさせ、十年後の嘉平《かへい》元年（二四九）、ついにクーデタを起こして曹爽一派を一網打尽にし、権力奪取に成功する。この後、司馬氏は司馬懿から長男の司馬師《しばし》（二〇八～二五五）へ、さらには二男の司馬昭《しばしょう》（二一一～二六五）へと、切れ目なくバトンタッチして、魏の実権を握りつづける。

司馬氏一族は、斉王曹芳を廃した後には高貴郷公曹髦《こうききょうこうそうぼう》（二五四〜二六〇在位）、曹髦が反乱を企て失敗した後は、元《げん》帝曹奐《そうかん》（二六〇〜二六五在位）というように、次々に傀儡《かいらい》皇帝を立てる一方、周到に批判勢力を押しつぶし、魏王朝簒奪計画を推し進めてゆく。

かくして、反対勢力を完全に排除して勢いを強めた司馬昭は、景元《けいげん》四年（二六三。蜀の炎興《えんこう》元年）、本格的に蜀攻略に踏み切り、鍾会《しょうかい》と鄧艾《とうがい》に大軍を率いさせて、二手から蜀に攻め込ませた。苦しい行軍をつづけた鄧艾軍が先に成都に到達したとき、ふるえあがった後主劉禅《こうしゅりゅうぜん》（二二三〜二六三在位）は戦わずして降伏、あっけなく蜀は滅んだ。劉備《りゅうび》が蜀王朝を立ててから四十二年後、諸葛亮が死去してから二十九年後のことだった。

このとき、劉禅の五男の北地《ほくち》王劉諶《りゅうしん》だけは降伏を拒絶、妻子を殺し自刎《じふん》して果てた。ちなみに、『三国志演義』一百十八回では、夫の覚悟を知った劉諶の妻の崔《さい》夫人は、「**賢なる哉、賢なる哉、其《そ》の死を得るなり**（ごりっぱ、ごりっぱ、それでこそ死に時を得るというものです）」と夫を励まし、先んじて自死したとする。また、諸葛亮の死後、蔣琬《しょうえん》、費禕《ひい》につづき、蜀の軍事責任者となった姜維《きょうい》（二〇二〜二六四）は、滅亡後も巻き返しを狙い、魏軍のリーダー鍾会と結託して、司馬昭に反旗をひるがえそうとしたものの、あえなく失敗、魏軍の兵士に殺害された。

かなわぬまでも、あくまでも降伏を肯《がえ》んじなかった劉諶や姜維とは対照的に、君主たる劉禅は呑気なもので、やがて魏の首都洛陽へ移された後、滅びた蜀を思って嘆くこともなく、自分を丁重に遇してくれる司馬昭に素直に感謝し、楽しげにニコニコと宴席に連なる始末だった。これには、さしもの司馬昭もあきれ果て、「**人の無情、乃《すなわ》ち此《こ》こに至らんや。諸葛亮をして在らしむると雖《いえど》も、之《こ》れを輔《たす》けて久しく全《まった》くする能《あた》わず。而《しか》るに況《いわ》んや姜維をや**（こうまで人は無感動になれるものだろうか。たとえ諸葛亮が生きていたとしても、この人を輔佐していつまでも安泰にしておくことはできないだろう。ましてや姜維ではどうにもならない）」（『三国志』後主伝の裴松之注『漢晋春秋』）と、慨嘆したとされる。

蜀滅亡の二年後、魏の咸熙《かんき》二年（二六五）、司馬昭が病死し、長男司馬炎《しばえん》（二六五〜二九〇在位）が後継の座につく。司馬炎は間髪を容れず、魏最後の皇帝、元帝曹奐から型どおり禅譲を受けて即位（武帝）、晋《しん》（西晋《せいしん》）王朝を立てる。こうして蜀につづき魏も滅亡した。

この間、呉では、孫権《そんけん》が魏の嘉平《かへい》三年（二五二）、七十一歳で死去した後、後継者問題で紛糾し、ようやく孫権の三男孫亮《そんりょう》（二五二～二五八在位）がわずか十歳で即位する。しかし、その後もゴタゴタがつづくうち、魏の咸熙《かんき》元年（二六四）、孫権の孫の孫皓《そんこう》（二六四～二八〇在位）が即位、呉最後の皇帝となる。孫皓は典型的な暴虐型の皇帝であり、酒色や奢侈《しゃし》にふけり、気に入らない臣下の目を抉《えぐ》ったり皮を剥いだりして惨殺する始末。

ここで一服の清涼剤のように出てくるのが、呉の陸抗《りくこう》（二二六～二七四）と西晋の羊祜《ようこ》（二二一～二七八）の逸話である。彼らは最前線で対峙しながらも、たがいに尊重しあい、友情に似た交わりを育んだ。西晋も内政の安定に追われたためもあり、無理をせず、けっきょく彼ら二人が実際に戦うことはなかった。陸抗の死後、羊祜は呉に攻め入るよう進言するが、重臣たちの反対もあり、司馬炎に聞き入れてもらえなかった。このため羊祜は杜預《どよ》（二二二～二八四）に後を託すように遺言して死去するに至る。

羊祜の後任の荊《けい》州方面軍総司令官となった杜預は、咸寧《かんねい》五年（二七九）、呉に総攻撃をかけ、一気に首都の建業《けんぎょう》を攻撃するよう提案、躊躇する諸将に対して、「**今　兵威已《すで》に振るい、譬《たと》えば破竹《はちく》のごとし**（今わが軍の勢いは大いにふるい、破竹の勢いのようだ）」（『晋書』杜預伝）と述べ、奮起させた。翌咸寧六年（二八〇）、西晋軍の猛攻を前に、もはやこれまでと観念した孫皓は降伏した。こうして三国のうち、最後に残った呉も滅亡し、司馬氏の西晋王朝がついに中国全土を統一したのだった。付言すれば、降伏して洛陽に連れてこられ、司馬炎の前に引き出された孫皓は、能天気な劉禅とは異なり、生来の反発精神をあらわに示し、司馬炎や西晋の重臣たちと当意即妙、切れ味鋭くわたりあったという。

咸寧六年（四月に太康《たいこう》と改元。二八〇）、呉を滅ぼし、西晋の全土統一が成った時点で、中平《ちゅうへい》元年（一八四）の黄巾《こうきん》の乱勃発から数えてほぼ百年におよぶ、後漢末から三国時代の疾風怒濤の時代は幕を下ろした。それぞれ弱体化の一途をたどった曹操、劉備、孫権らの子孫は、魏最後の皇帝元帝曹奐は天寿をまっとうし、劉

北伐ゆかりの漢中武侯祠に鎮座する諸葛亮。

諸葛瞻は大いに戦ったが綿竹に没し(『三國志演義全圖』)、劉諶は妻子の首を持って劉備の墓前で自刎した。

禅は呑気に笑いながら余生を送り、毒気の抜けない孫晧もまずは穏やかに往生するなど、滅亡後も平穏に生涯を終えた。この結末には凄惨さや血腥《ちなまぐさ》さはほとんど見られず、「滅びは明るい」と言いたくなるほどだ。このフィナーレの奇妙な明るさは、長篇小説『三国志演義』にも共通するものである。

魏・蜀・呉の三国を滅ぼし、天下を統一した西晋も長くはもたず、内乱と異民族の侵入によって混乱をきわめたあげく、建興《けんこう》五年（三一七）に滅亡、この翌年、司馬氏の一族を戴く江南の亡命王朝東晋《とうしん》が成立し、ふたたび分裂の時代に突入する。しかし、勇者の群像であふれかえった三国志世界のような爽快さは、もはやどこにもない。英雄豪傑の時代は遠くなったのである。

史記・三国志　英雄列伝　年表

西暦	大事記
前二四七	始皇帝(当時は秦王政)、父荘襄王の後を継ぐ。
前二三八	政が呂不韋を追放する。
前二二一	始皇帝が天下統一し、大帝国秦王朝を立てる。
前二二〇	始皇帝が天下巡遊を始める。
前二一九	不老不死の仙薬を求め、徐福を東海の三神山の探索に派遣。
前二一三	焚書を行い思想・言論弾圧事件を起こす。
前二一二	渭水南岸に阿房宮を建造。
	方士や学者を逮捕し、生き埋めの刑に処す。(坑儒事件)
前二一〇	始皇帝が天下巡遊中の沙丘で死去。丞相李斯・宦官趙高が末子胡亥を擁立。(二世皇帝)
前二〇九	陳勝・呉広が大沢郷で武装蜂起。
	劉邦が沛で蕭何・曹参・樊噲・周勃・夏侯嬰らと挙兵。
	項梁・項羽らが会稽で挙兵。

前二〇八	陳勝軍内部崩壊。 項梁が楚の君主の子孫を王位につける。（懐王） 項梁戦死。
前二〇七	趙高が李斯を反乱のかどで処刑し丞相となる。 二世皇帝の兄子嬰が趙高殺害。 劉邦が咸陽郊外覇上に到達。子嬰を降伏させ、法三章を施行。 秦滅ぶ。
前二〇六	劉邦と項羽が鴻門で会議。（鴻門の会） 項羽は懐王を義帝に格上げし、自らは西楚の覇王と名乗る。 劉邦が僻地に左遷されて漢王となる。 項羽が関中防備のため章邯ら三将軍を配置。 劉邦、張良の進言に従い蜀の桟道を焼き払う。 劉邦が関中に出撃し章邯を撃破。
前二〇五	劉邦が司馬欣、董翳を降伏させる。 項羽が義帝を長沙に追放して殺害。

前二〇四

劉邦が項羽の本拠地彭城を占拠。項羽の急襲を受け、壊滅的大敗を喫する。
劉邦が彭城から夏侯嬰の馬車で息子・娘とともに逃避行。
韓信が趙軍相手に背水の陣で大勝利。
陳平が劉邦の配下に入る。
劉邦が滎陽で項羽の猛攻を受ける。
劉邦が随何を派遣して黥布を配下に加える。
范増が項羽に憤慨して帰郷。途中で死去。
劉邦が紀信の献策を入れ、滎陽から決死の脱出行を試み成皐に逃れる。
劉邦が趙に駐留中の韓信の符と印を奪い取る。
韓信が劉邦の命令で斉の攻撃に向かう。

前二〇三

韓信が沙嚢の計で龍且を破る。
劉邦が韓信を斉王に立てる。
項羽と劉邦が広武山で数か月にわたり対峙。
劉邦が項羽と休戦協定を結び、人質となっていた家族を取り戻す。

前二〇二	劉邦軍は四方八方から項羽を垓下に追い詰め、自刎に追い込む。
	劉邦が皇帝の位につく。(漢高祖)
前二〇一	楚王韓信が淮陰侯に格下げされる。
前一九六	韓信が蕭何に誘い出されて斬殺される。
前一九五	彭越が反乱罪を着せられ処刑。
	黥布が反乱を起こす。
	劉邦死去し、恵帝(第二代)が即位。呂后の専政始まる。
前一九四	蕭何が病没。
前一九〇	曹参死去、王陵・陳平が左右の丞相に即く。
前一八八	恵帝死去し、呂后とその一族が完全に王朝の実権を掌握。その後2代を傀儡皇帝とする。
前一八〇	呂后死去。
	陳平・周勃が呂氏一族を滅ぼし、文帝(第五代)を擁立。
前一七九	陳平死去し、周勃が奮闘するが一年足らずで罷免される。
前一六九	周勃死去。

前一五七	景帝即位。（第六代）
前一五四	景帝が呉楚七国の乱を制圧し中央集権体制を固める。
前一四一	景帝の子武帝が一六歳で即位。（第七代）
前一三五	武帝の祖母竇太后死去。
前一二九	衛青が車騎将軍に任ぜられる。以後七度遠征して匈奴と戦い、そのたび大勝利をおさめる。
前一二八	武帝が衛子夫を皇后に立てる。
前一二四	衛青が最高位の大将軍となる。
前一二三	霍去病が侍中に取り立てられる。叔父衛青に従って匈奴遠征に参加（前一一九年まで六度）、大手柄を立てる。
前一一七	霍去病病死。
前一〇六	衛青死去。
前九九	李広利が匈奴征伐に出陣し失敗。配下の李陵が匈奴に降る。 司馬遷が李陵を弁護して武帝の怒りを買い、後に宮刑に処せられる。
前九一	李広利、三回目の匈奴征伐にも失敗。捕らえられ殺害される。

	巫蠱の乱で衛皇后が自殺、太子も殺害される。
前八七	武帝が死去し、八歳の昭帝が即位。（第八代）
前八六	司馬遷死去。
前七四	昭帝が二一歳で死去。 霍光が武王の孫昌邑王劉賀を後継の座に据える（第九代）が二七日で廃し、武帝と衛皇后の曾孫を宣帝とする。（第一〇代）
前四九	宣帝死去し、元帝が即位。（第一一代）
前三三	元帝没し、成帝即位。（第一二代）
前二二	王莽が二四歳で官界入りし、その後出世街道を驀進する。
前一六	趙飛燕が成帝の皇后となる。
前七	成帝死去し、哀帝即位。（第一三代）
一	哀帝の死後、王莽が王太后から後継者選びを命ぜられ、九歳の中山王すなわち平帝を選ぶ。（第一四代）
五	平帝が死去すると、王莽が宣帝の玄孫で二歳の孺子嬰を太子に立てる。
八	王莽が帝位に即き、新王朝を立てる。

一七	緑林の乱起こる。
一八	赤眉の乱起こる。
二二	王莽の派遣軍が成昌で赤眉軍に大敗。 劉縯・劉秀兄弟が挙兵。
二三	更始帝劉玄即位。 劉秀が王莽軍を次々と撃破。 王莽が長安で敗死。（新滅亡）
二四	赤眉軍が更始帝に降伏。 更始帝長安に入城。
二五	河北を平定した劉秀が帝位に即く。（光武帝）後漢王朝成立。 更始帝が反旗をひるがえした赤眉軍に殺害される。 光武帝が洛陽に入城し首都とする。
四一	光武帝が郭皇后を廃して陰麗華を皇后に立て、彼女の子を太子に指名。
四九	後漢王朝の名臣、馬援病没。
五七	光武帝死去。明帝即位。（第二代）

七三	竇固を総大将とする匈奴征伐軍が派遣される。
	班超が竇固の仮司馬として従軍。派遣軍は大戦果をあげる。
七五	明帝死去し、章帝即位。（第三代）
八八	章帝三二歳で死去。和帝即位。（第四代）
	竇固死去。
九一	班超が西域都護となる。その後五十以上の西域諸国を後漢に帰属させる。
九五	班超が定遠侯に封じられる。
一〇二	班超が西域から洛陽に戻り、一か月後に死去。
一〇五	和帝が二七歳で死去、殤帝即位。（第五代）
一〇六	殤帝死去。
一六六	宦官派が「清流派」知識人を弾圧。「第一次党錮の禁」。
一六九	「第二次党錮の禁」断行。
一七四	曹操が二〇歳で狭き門「孝廉」に推挙され、エリートコースに乗る。
一八四	張角が「蒼天已に死す、黄天当に立つべし」を合言葉に武装蜂起。（い

	わゆる黄巾の乱起こる）
	曹操が騎都尉に任ぜられ黄巾討伐で戦功をあげる。
	劉備は関羽・張飛とともに義勇軍を結成して討伐に加わる。
	孫堅は朝廷のお召しに応じ荒くれ軍団を率いて駆けつける。
一八九	宦官派の傀儡皇帝霊帝死去。幼い少帝即位。
	少帝の母の兄何進が実権を握る。何進が宦官誅滅に失敗。
	董卓が軍事力で洛陽制圧。献帝を即位させ、独裁政治を断行する。
一九〇	曹操が檄を飛ばし、袁紹を盟主とする董卓征討軍を結成する。
	孫堅は軍団を率いて参加。
	孫策が周瑜と出会う。
一九一	董卓が都を洛陽から長安へ遷都。
	孫堅が先頭を切って洛陽に入城し、「伝国の玉璽」を入手。
	孫堅死去。（一九二、一九三年説あり）
一九二	董卓が呂布に殺され、中国全土が群雄割拠の騒乱状態となる。
一九四	曹操が父を殺された報復のため徐州に出撃。

	劉備が曹操の猛攻を受ける徐州陶謙の救援に向かう。
	呂布が手薄となった曹操の根拠地兗州を襲う。
	劉備が請われて徐州を領有する。
	孫策が袁術より父親の軍団を取りかえし、江東制覇に乗り出す。
	周瑜が歴陽で孫策挙兵軍に合流する。
一九六	曹操が献帝の後見人となる。
一九七	曹操が張繡征伐に出撃、宛で大敗。猛将典韋を失う。
一九八	曹操と劉備が呂布を滅ぼす。
一九九	劉備が曹操のもとから自立。
	劉備の配下が車冑を殺害し曹操と敵対。両者不倶戴天の仇敵となる。
	関羽が曹操に降伏する。
二〇〇	孫策死去して、孫権が立つ。
	曹操が官渡の戦いで袁紹を破る。
二〇一	劉備が汝南で曹操に大敗し、荊州の劉表に身を寄せる。
	趙雲が劉備の武将となる。

二〇二	袁紹病死。
二〇四	曹操が袁氏一族の本拠鄴を攻略。
二〇六	太史慈死去。
二〇七	曹操が北中国一帯を制覇。 劉備が諸葛亮に三顧の礼を尽くし、諸葛亮はそれに応えて天下三分の計を披歴。劉備の軍師となる。
二〇八	曹操軍百万が南下。 長坂の戦い。 諸葛亮が弁舌で、孫権と対曹操同盟を結ぶ。 赤壁の戦いで周瑜率いる呉軍二万が曹操軍を大破。 諸葛亮が荊州南西部の四郡制圧。 黄忠、魏延が劉備傘下に入る。
二一〇	周瑜病死。 周瑜の推薦を受け、魯粛が軍事総責任者に就任。
二一一	許褚が曹操の危機を救う。

	曹操が西涼の馬超を撃破。
二一四	諸葛亮、劉備を蜀に攻め込ませる。 馬超が劉備の配下に加わる。 劉備が蜀の支配者劉璋を追いつめ、蜀の領有に成功。
二一五	曹操が漢中制覇。 張遼が八百の手勢で呉軍十万に突入し、孫権をあわや、まで追いつめる。
二一七	劉備が漢中に侵攻。 魯粛が病没。呂蒙が呉軍軍事責任者となる。
二一九	劉備が漢中争奪戦で曹操を撤退に追い込み、漢中を手中に収める。 曹仁が北上した関羽の猛攻に耐え、粘り勝ちする。 于禁が関羽に降伏する。 孫権が曹操と手を組み、呂蒙の策で関羽を殺害する。 呂蒙死去。
二二〇	曹操死去。継いだ曹丕が後漢王朝を滅ぼして魏王朝を立てる。
二二一	諸葛亮が蜀王朝を立て、劉備を即位させる。(昭烈帝)

	劉備が関羽の報復のため呉に向け出撃。
	張飛が暗殺される。
二二二	劉備が陸遜率いる呉に大敗して白帝城に逃げ込む。
二二三	曹仁死去。
	劉備が諸葛亮に劉禅を託して死去。
二二七	諸葛亮が魏討伐(北伐)を開始。
二二九	趙雲病死。
	孫権が呉王朝を立て、皇帝(大帝)となる。
二三四	諸葛亮が五丈原で陣没。
二三九	魏の明帝曹叡死去し、斉王曹芳即位。司馬懿・曹爽が輔佐役となる。
二四〇	魏で曹爽が実権を握り、司馬懿を追放。
二四五	陸遜死去。
二四九	司馬懿がクーデタを起こして曹爽一派を一網打尽にし、権力を奪取する。
二五二	孫権が死去し、孫亮が即位。
	司馬師が大将軍となる。

二五四	司馬師が魏の皇帝曹芳を廃し、曹髦（高貴郷公）を立てる。
二六〇	曹髦が司馬昭殺害に失敗。元帝曹奐が即位。
二六三	司馬昭が本格的に蜀攻略に踏み切る。
	蜀の後主劉禅が魏に降伏。蜀滅ぶ。
	劉禅の五男劉諶が降伏を拒否し、妻子を殺して自刎。
二六四	姜維・鍾会が反旗をひるがえすが失敗し殺害される。
	呉で孫晧即位。
二六五	司馬昭病死。後を継いだ司馬炎が魏の元帝曹奐から禅定を受け晋王朝を立てる。（魏滅ぶ）
二七四	呉の陸抗死去。
二七八	西晋の羊祜死去。
二八〇	呉の孫晧が西晋に降伏。（呉が亡び、西晋の天下統一）
三一七	内乱と異民族の侵入で混乱をきわめ、西晋王朝滅亡。

あとがき

本書『史記・三国志英雄列伝』は、項羽《こうう》と劉邦《りゅうほう》が壮絶に戦った「漢楚《かんそ》の戦い」から、後漢《ごかん》末の乱世、激しい主導権争いのあげく、曹操《そうそう》の魏《ぎ》・劉備《りゅうび》の蜀《しょく》・孫権《そんけん》の呉《ご》へと三国分立を経て、三国とも滅亡するに至るまで、トータルにしてほぼ五百年にわたる時間帯において、めざましい活躍をした知者・勇者群像を、二章構成によってとりあげたものである。

このうち、第一章「群雄割拠の時代―始皇帝〜項羽と劉邦」には、「秦の始皇帝」「陳勝《ちんしょう》・呉広《ごこう》の乱」「反乱の拡大と秦王朝の滅亡」「鴻門《こうもん》の会」「劉邦の反撃」「劉邦の関中《かんちゅう》制覇と敗北」「彭城《ほうじょう》の危機」「滎陽《けいよう》の危機」「背水の陣―韓信《かんしん》の大勝負」「韓信の岐路」「項羽と劉邦の対決」「項羽の死」の十二話を収める。

ここでは、知恵に勝る劉邦と、個人的武勇は抜群ながら知略に欠ける項羽との対立を軸とし、劉邦配下の張良《ちょうりょう》、蕭何《しょうか》、陳平《ちんぺい》など智謀にすぐれた軍師や韓信を嚆矢とする勇猛果敢な武将の姿を浮き彫りにしながら、こうした多彩な配下に支えられた劉邦が数々の苦難を乗り越え、ついに項羽に打ち勝つ過程をたどった。

全十六話から成る第二章「激動の時代を生き抜く漢《おとこ》たち―漢の武帝〜三国志の英雄たち」では、まず「韓信、黥布《げいふ》の粛清、劉邦の死」「呂后《りょこう》の専横と陳平・周《しゅう》勃《ぼつ》の反撃」の二話において、漢王朝を立てて皇帝（高祖《こうそ》）となった劉邦が、韓信をはじめ創業の功臣を次々に粛清した事件を皮切りに、劉邦の死後、妻の呂后が実権を掌握したものの、呂后の死後、生き残りの功臣の反撃によって、漢王朝が立ち直るに至った過程をたどった。ついで、「武帝の登場」「最盛期の武帝」「晩年の武帝」の三話において、危機を脱した漢王朝が、第七代皇帝武帝のときに最盛期を迎える軌跡を見た。武帝は下層から文武のすぐれた人材を抜擢し、漢王朝を最盛期に導いたが、晩年に衰え、同時に漢王朝そのものも下降しはじめる。

かくて、「前漢王朝の滅亡、王莽《おうもう》の簒奪」「光武帝《こうぶ》（劉秀《りゅうしゅう》）の擡頭《たいとう》、後漢王朝の成立」「班超《はんちょう》の奮闘」「後漢末の混乱」の四話で、弱体化した漢王朝が外戚の王莽に滅ぼされた後、王莽の立てた新王朝も民衆反乱と呼応した漢王朝の一族である豪族によってわずか十五年で滅ぼされ、やがてこの豪族の一人、劉秀が後漢王朝を立てて光武帝となり、新しい時代を築いてゆくプロセスをたどった。光武帝は名君だったが、時代が下るとともに、後漢王朝では、外戚と宦官の主導権争いが激化、やがて中国全土が騒乱時代に巻き込まれてゆく。

以上のように前漢から後漢へと、おりおりに光芒を放つ人々に焦点を当てながら、時の流れをたどった後、後漢末から三国時代へと移行し、「曹操の戦い」「曹操軍団の勇将たち」「劉備の戦い」「諸葛亮と劉備軍団の猛将たち」「孫堅・孫策・孫権の戦い」「孫氏軍団の勇将たち」「三国の終幕」の七話によって、群雄割拠の乱世を勝ち抜いた魏の曹操、蜀の劉備、呉の孫権の三者三様の特性を描きながら、それぞれに有能な配下との関係性を探った。

こうして全二十八話から成る本書の主要な舞台、漢楚の戦いの時代と三国志の時代は、中国史上、稀に見る英雄、知者、勇者が輩出した時代であり、彼らの奮闘ぶりには文字どおり心躍るものがある。そんな心躍るイメージを伝えることができればと願うばかりだ。

本書はもともと横山光輝著『項羽と劉邦』の巻末に十二回にわたって連載した「戦いでたどる勇者たちの歴史」(本書の第一章にあたる)と、潮出版社ウェブマガジンに十六回にわたり同タイトルによって連載したものを、合わせて成ったものである。

連載中から本書の編集に至るまで、潮出版社コミック編集部の岡谷信明さんにたいへんお世話になった。また刊行にあたり、出版部の北川達也さんにご配慮いただき、お世話になった。お二方には先に刊行された『キーワードで読む「三国志」』『水滸縦横談』にひきつづき、たいへんお世話になった。ここに心からお礼申し上げたいと思う。

二〇一五年九月

井波律子

【解説】

若い人に向けた「心の師」の言葉から

佐藤卓己

まさか井波律子先生の本を解説することになろうとは。正直、こころの準備がまだできていない。私の専門はメディア文化論、大学で学んだのは西洋史（ドイツ現代史）であり、ながらく中国の古代史や古典文学とは無縁な生活を続けてきた。その私がこの解説を書く背景を少しでも理解していただくために、二〇二〇年五月三十一日付『神戸新聞』文化欄に寄稿した追悼文「強い精神もった〝仁〟の人」をまずお読みいただきたい。

＊　＊　＊

凜《りん》として立つ文人、中国文学者・井波律子先生が、五月十三日にお亡くなりになった。「心の師」の訃報に朝刊で接したときのショックは大きかった。

「子温而厲。威而不猛。恭而安。」（述而篇七－三七）

「先生は穏やかだけれども、きびしい。威厳があるけれども、たけだけしくはない。きちんとして礼儀正しいけれども、楽々として堅苦しくはない。」（井波律子訳『完訳論語』岩波書店）

二〇〇一年四月、私は国際日本文化研究センター（日文研）に着任し、井波先生の隣の研究室に入った。日文研の共同研究「表現における越境と混淆《こんこう》」（井波律子代表、井上章一幹事）にも参加したが、私の脳裏に浮かぶのは教員共有スペースの喫煙コーナーに腰掛け、歓談されている先生の笑顔である。そこで耳にした人物月旦は、いずれも切れ味抜群だった。

先生が入院される直前だったわけだが、私は「半歩遅れの読書術」（日本経済新聞、二月八日）で先生の書評集『書物の愉しみ』（岩波書店）にふれつつ、先生との交流を次のように綴った。

日文研から京都大学に異動する際、多くの先生方から祝福のお声をかけていただいた。ただ一人、井波先生からはお叱《しか》りをたまわった。「佐藤くん、がっかりしたわ」から始まるお言葉は、感謝の思いとともに心に刻んでいる。

「大学の看板などなくても自分の名前で書ける人だと思ったから、あなたを採用したのに」

そのご鞭撻《べんたつ》以来、井波先生を〝心の師〟と仰いできた。

恐る恐る、この寄稿を先生にメールで報告すると、その日のうちに心温まる謝辞をいただいた。さっそくメールでこう返信した。

「厳しいお言葉には、本当に背筋を正さねばという思いで聞いておりました。むしろ陰でとかく言われる覚悟はしていましたので、親身になって直接叱っていただいた感激は忘れることができません。本当にありがとうございました」

もういちど論語の言葉を引けば、「巧言令色、鮮矣仁。」（学而篇一－三）である。

「巧妙な言葉づかい、とりつくろった表情の人間は真情に欠ける。」（井波訳）である。

一方で、先生の叱咤《しった》は若輩に対する「仁」（誠実な思いやり）にあふれていた。

私は叱られて自室に戻ったあと、嬉しさで感涙した。そんなにも評価していただいていたのか、と。

大学で教員をやっていればわかることだが、大人を正しく叱かるということは、誰にでもできるということではない。「仁」とともに精神の強度が必要なのだ。先生はその強度をもった「仁」の人だった。その謦咳《けいがい》に接した一人として、お言葉を生前に記録できたことだけが私にとっては救いである。ご冥福をお祈りしたい。

＊　＊　＊

あの時以来、先生の言葉どおり、「大学の看板などなくても自分の名前で書ける人」になりたいと私は思ってきた。決断のとき、いつも先生の「張り」のある言葉を思い出してきた。先生を「心の師」と呼ぶ理由である。

史記、三国志の英雄たちの生き様を描く本書にも、それぞれ太字で強調された「張り」のある名言、名句がふんだんに散りばめられている。本書の特色の一つは、そうした人間理解の機微を選び抜かれた叡智の言葉で示していることにある。そうした名言の「響き」を深く味わいたい読者には、原文、書き下し文、現代語訳に解説がついた井波律子『三国志名言集』（岩波書店・二〇〇五年）もお薦めしたい。

本書に登場する英雄たちの生き様から中国史に関心をもった読者は、さらに広大な「井波ワールド」を読み進むべきだろう。たとえば、「史記」を書いた司馬《しば》遷《せん》については、「危機を生きた文人」（『中国文章家列伝』岩波新書・二〇〇〇年）、「三国志演義」については、『三国志演義』（岩波新書・一九九四年）、『中国の五大小説〈上〉三国志演義・西遊記』（岩波新書・二〇〇八年）がある。もちろん、陳寿《ちんじゅ》『正史三国志』第一・二・五巻（ちくま学芸文庫・一九九二〜九三年）も、羅貫中《らかんちゅう》『三国志演義』全四巻（講談社学術文庫・二〇一四年）も井波訳で読むことができる。

始皇帝に関しては「皇帝の贅沢」（『酒池肉林──中国の贅沢三昧』講談社学術文庫・二〇〇三年）、劉邦《りゅうほう》については「変わりゆく遊侠無頼」（『中国侠客列伝』講談社学術文庫・二〇一七年）、王莽《おうもう》については「頭でっかちの偽善者」（『裏切り者の中国史』講談社選書メチエ・一九九七年）、曹操《そうそう》や劉備《りゅうび》など三国志に関しては『三国志曼荼羅』（岩波現代文庫・二〇〇七年）などでより詳細な知識を得ることができるだろう。逆に言えば、本書はこうした「井波ワールド」のエッセンスを若い読者向けに著者自ら抽出した作品である。かつて史記や三国志の「若い読者」だった私の少年時代について、ここで回想させていただきたい。私と井波先生の最初の会話内容にかかわることだからである。

井波先生に初対面の挨拶をしたときのことだ。自己紹介として中学生のとき中国古典に熱中したこと、もともと中国史を学びたくて京都大学に進学したことなどを話した。そのとき、こんな応答があった。

「佐藤くんの世代だと、三国志にはまるのはテレビゲームの影響なの？」

「それはないですね。ファミコンが発売されたとき、もう大学生でしたから…。」

当時の私は四十歳だが、日文研研究部では最年少の教員だった。井波先生にとって、私はまだまだ「ともに謀るに足りず」（本書第一章「鴻門の会」を参照）の豎《じゅ》子《し》（小僧っ子）に見えたのかもしれない。

メディア史的に補足すれば、ファミリーコンピューター（任天堂）は一九八三年、パソコン用の歴史シミュレーションゲーム『三國志』（光栄）は一九八五年に発売されている。それは同じ光栄の大ヒットゲーム『信長の野望』（一九八三年発売）につづく人気作品だが、ＮＨＫ人形劇「三国志」（一九八二年〜八四年放送）によるブームを受けて制作された。また、本書の図版にある横山光輝の漫画『三国志』（一九七一年連載開始）のコミック版全六〇巻（潮出版社）が完結するのは一九八八年である。いずれも私の大学生時代（一九八〇～八三年）以降の出来事であり、残念ながら三国志関連のゲームや漫画に直接ふれたことはなかった。

ただし、横山光輝がストーリー展開で参照したとされる吉川英治の小説『三国志』（新聞連載は一九三九年～四三年）は、中学生になって最初に読んだ小説である。小学校六年生だった一九七二年、NHK大河ドラマで吉川英治原作「新・平家物語」が放送されており、中学受験が終わったあとの春休みに『吉川英治全集』第三三～三八巻（講談社・一九六七～六八年）で原作を読んだ。そのあとで、同じ全集の第二六～二八巻の「三国志」、第四一～四三巻の「新・水滸傳」と読み続けた。とはいえ、中学生の私には柴田錬三郎『英雄ここにあり―三国志』上中下（第四回吉川英治文学賞・講談社・一九六八～六九年）の方がお気に入りだった。

日本人作家の小説だけではもの足りなくなったため、学校の図書室にあった『中国古典文学大系』全六〇巻（平凡社、一九六七～七五年）の『三国志演義』上下、『水滸伝』上中下、『漢書・後漢書・三国志列伝選』、さらに『史記』上中下、『戦国策 国語 論衡』、『春秋左氏伝』などを片っ端から読んでいった。私の場合、文字通り「寝食を忘れて読んだ」という時期はこの一度しかない。

もちろん、たんに読書好きの中学生だったからといった単純な話ではない。私はイエズス会が経営する中高一貫校に進学していたが、ローマン・カラーの神父（教師）が体現した西洋文明にも学校制度にも素直に従うことができなかった。むろん、「西洋」も「制度」もにわか仕込みした反抗の理屈にすぎない。そうした反抗期の少年にとって「造反有理」の中国文革のスローガンは魅力的だった。勉強机の前に毛沢東のポスターを飾り、「燕雀《えんじゃく》安《いづく》んぞ鴻鵠《こうこく》の志を知らんや」（本書第一章「群雄割拠の時代」参照）と大書して、毎晩ラジオで北京放送に耳を傾けていた。さしずめ「中二病」とでもいうべき問題行動である。いま冷静に分析すると、当時の私は学校の勉強から逃避するために、中国古典に熱を上げていたわけである。『中国古典文学大系』が収まった図書室の書架を指さして、「今年中に、これを全部読破する」と友人に宣言したこともある。むろん、それも「鴻鵠の志」をもつ自分は学校の成績などまるで気にしていないのだ、という「燕雀」の強がったポーズでしかなかったわけである。

当然ながら、学校の授業についていけなくなり、公立中学に転校することになった。この時、私の背中を押してくれたのは、担任教師ではなく一人の神父だった。学期末にはいつも成績不良生徒として両親とともに学校に呼び出されたが、その神父は面談室から出てきた私を呼び止め、こう語りかけてきた。

「この学校は君のいるべき場所なのか。この学校で優等生になるのは無理だろう。公立中学に移る方がいいのではないか。そこでも君は一番にはなれないだろうが、やりようによっては二番になれる」

「なぜ、一番になれませんか」と私は聞き返したが、神父は笑みを浮かべながらこう言った。

「公立中学には優秀な女子がいるでしょう。せいぜい君はその次だと思う」

「寧《むし》ろ鶏口《けいこう》と為《な》るとも牛後《ぎゅうご》となるなかれ、ですね」

そのとき私が口にしたのは「史記」蘇秦《そしん》列伝の故事である。戦国時代の弁論家である蘇秦が最強国・秦に対する諸国の「合従策」を諸侯に説いた際の言葉である。小組織のトップならまだしも、大組織のボトムにはなるな、との意である。この小生意気な少年の故事引用に神父がどのような表情で応じてくれていたのか、はっきりと思い出すことはできない。しかし、それが否定されなかったことは確かである。

私が転校してから二年後、この神父もその進学校を去り、ネパールに渡って障碍児童のための学校を設立した、と風の便りで知った（その詳細は、大木章次郎語り下ろし製作委員会『大木神父　奮戦記』小学館スクウェア、二〇一一年）。むろん、その『奮戦記』で私のことが語られているわけではないが、私も神父に救われた一匹の羊である。大木神父との対話によって、私は「虎穴《こけつ》に入《い》らずんば虎子《こじ》を得ず」（本書第二章「班超の奮闘」参照）と果断な跳躍をしたのである。学問上の師匠は他にもいるけれども、人生の岐路で思い浮かべる「心の師」は大木神父と井波先生である。

いずれにせよ、公立中学に転校して以来、私は中国古典の読書はやめて、受験勉強に専念した。確かに、神父の予言通り、私の前にはいつも優秀な女子生徒がいたわけだが、それは大変に心地よいポジションだった。客観的に見れば、反抗期の終わりとともに心は中国古典から離れていたが、「知的初恋」のほてりだけは身体に残っていた。もう一押しすれば、あの情熱がよみがえるはず、そう思ったのだろう。

高校の進路相談でも「京大で東洋史を研究する」と言い続けた。とはいえ、実際の恋愛でもそうだろうが、もう一押しは別れを告げるのに必要なプロセスにすぎない。

大学の合格祝いでもらった小遣いほぼ全額を投入して『中国古典文学大系』全六〇巻を購入したのも、「初恋」の情熱を取り戻したいとの思いからの「もう一押し」だったようだ。いまも書架の片隅に残しているが、購入時のまま手をつけていない。大学二回生になると、私は第二外国語を中国語からドイツ語に変えた。新たな知的恋愛の始まりである。以来、中国古典や東洋史の書物から遠ざかって久しい。にもかかわらず、井波先生の著作だけは少しずつ増殖を続けていた。

おそらく『中国古典文学大系』はもう読まないだろう。しかし、井波先生の本は読みたい。読書の至福は、師との心的対話だからである。

以上、自分語りを書き連ねてきた。読書の達人だった井波先生には『書物の愉しみ—井波律子書評集』（岩波書店・二〇一九年）もある。これを書きながら、師の声が聞こえるような気がしている。「佐藤くん、まだまだだね」

（メディア史家・京都大学教授）

◉本書は二〇一五年十一月に小社より刊行された単行本を文庫化したものです。

井波律子（いなみ・りつこ）

中国文学者。1944年－2020年。富山県生まれ。京都大学文学部卒業後、同大学大学院博士課程修了。国際日本文化研究センター名誉教授。2007年『トリックスター群像―中国古典小説の世界』で、第10回桑原武夫学芸賞受賞。主な著書に『三国志演義』『奇人と異才の中国史』『中国の五大小説』『中国名言集 一日一言』『中国名詩集』『完訳　論語』『三国志名言集』『キーワードで読む「三国志」』『水滸縦横談』（小社刊）など多数。個人全訳に『三国志演義』（全４巻）『世説新語』（全５巻）『水滸伝』（全５巻）などがある。

史記・三国志 英雄列伝
戦いでたどる勇者たちの歴史

潮文庫　い－７

2021年　９月20日　初版発行

著　　者　井波律子
発 行 者　南　晋三
発 行 所　株式会社潮出版社
〒102-8110
東京都千代田区一番町6　一番町SQUARE
電　　話　03-3230-0781（編集）
03-3230-0741（営業）
振替口座　00150-5-61090
印刷・製本　中央精版印刷株式会社
デザイン　多田和博

ISBN978-4-267-02304-0 C0195